Visual

日経文庫
ビジュアル

品質管理の基本 ［第5版］

内田　治 [著]
UCHIDA osamu

JN174409

日本経済新聞出版

まえがき

　本書は、学生や若いビジネスマン、新任の管理職の皆さんを対象に、「品質管理」の基本用語と考え方を、図表を使って、わかりやすく解説したものです。

　品質は、形のある商品だけでなく、無形の商品、たとえばサービスにも存在します。したがって、品質管理は、製造業に限らず、すべての業種に必要な活動です。また、品質管理の活動は、会社の製造部門、工場部門だけが実施しても、顧客に対して品質を保証することはできません。会社のすべての部門で、実施する必要があります。

　このような背景から、品質管理の知識を必要とする人は、広範囲にわたります。したがって、本書では、専門家向けの解説は極力避けました。

　本書は、見やすさと使いやすさを考慮して、1用語ごとに左右見開きの形をとっています。左頁に解説の文章を、右頁に図や表を載せています。

　本書は、全体が5つの章から構成されています。

　第Ⅰ章では、品質管理の全体像をつかめるように、基本となる知識を解説しています。

　第Ⅱ章は、品質管理の核心である品質保証について、その考え方と活動の内容、品質保証のための技法を取り上げています。また、品質保証の国際規格である、ISO9000ファミリーについても解説しています。

　第Ⅲ章は、品質管理で重要視している改善活動について、問題解決という視点から解説しています。

　第Ⅳ章では、品質管理を実践するために必要な、基本的な技法を解説しています。

第V章は、統計的方法について、基本的な技法と知識に絞り、解説しています。統計的方法の活用は、品質管理活動の特色の1つです。

　なお、本書の中で使用している、グラフ、チャート、帳票類などの例は、実際に企業で活用されているものに、筆者が修正を加えたものです。

　本書が、品質管理を勉強する読者のみなさんにとって、有益な書となれば幸いです。

———改訂第5版にあたり———

　1995年に初版を刊行以来、2002年に第2版、2007年に第3版、2010年に第4版と改訂を重ね、このたび、初版以来20年を超えて、第5版を刊行することとなりました。今回の第5版では、項目の並び替え、読者からご指摘いただいた図の修正、ISO9000およびシックスシグマに関する記述の修正を行いました。

　また、第4版と同様に、品質管理検定（QC検定）試験の参考書としても利用できるようにしました。本書は品質管理の入門書という位置づけにあるので、検定試験のレベルとしては3級に相当しています。

　検定試験については、本文とは別に設けてあるCoffee Breakで検定試験の4級レベルで要求される用語の一部を解説すると同時に、検定試験そのものの情報も取り入れています。

2016年7月

内田　治

第 Ⅰ 章

品質管理の基本

1 品　質
製品やサービスの性質・性能

「品質」という言葉は、さまざまな意味で使われています。品質管理で対象にしている品質の範囲も、実に広範囲です。本書では、製品やサービスについて顧客が要求している性質や性能を品質と呼ぶことにします。

　品質とは、製品またはサービスが、顧客の使用目的と要求を満たしているかどうかを評価するための性質や性能のことで、本来備わっているべき性質や性能が顧客の要求を満たす程度であるとも言われます。

　品質には、製品の企画段階で決まるもの、設計段階で決まるもの、そして、製造段階で決まるものがあります。

　企画段階で決まる品質を企画品質といいます。これは製品コンセプトに盛り込まれる品質のことです。顧客の要求を満足する製品やサービスを提供するためには、最初に顧客の要求している品質（使用品質）を定義し、それが製品コンセプトに盛り込まれる必要があります。

　設計段階で決まる品質を設計品質といいます。これは設計図や製品仕様書で定められる品質のことで、製品を作る側が目標とするものなので、「ねらいの品質」とも呼ばれます。

　製造段階で決まる品質を製造品質といいます。これは製造された製品がねらいの品質に合致しているかで評価する品質なので、「適合の品質」ともいいます。

　品質管理で対象としている品質は、製品やサービスの品質だけでなく、それらを作り出す仕事の質や業務の質も含まれています。

品質の範囲

品質管理で対象にしている「品質」には、2つの品質があります。

	品質	
製品・サービスの品質		業務の質

品質の分類(1)

製品が生産される段階で分類すると、つぎのようになります。

企画品質	➡	買い手の要求を製品に反映しているか
設計品質	➡	企画した品質を反映しているか
製造品質	➡	設計のねらいどおりできているか
サービス品質	➡	提供後のサポートはよいか

品質の分類(2)

買い手の満足度や購買意欲に与える影響度で分類すると、つぎのようになります。この分類は、狩野紀昭氏らによるものです。

当たり前品質
充足されていて当たり前と受け取られ、不十分であれば不満を引き起こす品質

魅力的品質
充足されれば満足を引き起こすが、不十分でも不満を引き起こさない品質

一元的品質
充足されれば満足を、不十分であれば不満を引き起こす品質

品質の分類(3)

製品性能に対する影響度で分類すると、つぎのようになります。

機能的品質	➡	製品の性能に直接影響する品質
非機能的品質	➡	製品の性能に直接影響しない品質

2 品質管理
品質を確保するためのあらゆる活動

企業が適正な利潤をあげるには、買い手を満足させる商品や
サービスを常に提供しなければなりません。そのために欠か
せないのが、製品を計画・生産・販売する技術と、製品の質
を確保するための品質管理活動です。

品質管理は、英語では「Quality Control」と表記され、
この頭文字をとって、QCと略して呼ばれています。

品質管理とは、顧客（買い手）の要求を満たす品質の製品
あるいはサービスを経済的に作り出すための管理技法です。

品質管理の最も大きな目的は、製品やサービスの品質を一
定以上の水準に確保して顧客に提供することです。このため
の活動を品質保証と呼んでいます。品質保証は、幅広い品質
管理活動の中でも中核をなす活動です。

品質管理のもう1つの重要な目的として、改善がありま
す。改善には、製品やサービスの品質に関する改善（品質改
善）と業務の改善があります。企業では、利潤を確保するた
め、あらゆる業務で、効率的かつ効果的に仕事を進めること
が要求されます。そのためには、業務の中で発生するいろい
ろな問題を解決し、より有効な新しい方法を常に探索する必
要があります。これが業務の改善です。改善活動は問題解決
活動とも呼ばれています。

改善活動は、やみくもに進めても効率があがりません。品
質管理の分野では、改善活動のための進め方と技法が提唱さ
れています。それらの技法を活用しながら改善活動を進めて
いく必要があります。

品質管理の発展

品質管理は、つぎのような段階を経て、発展してきました。

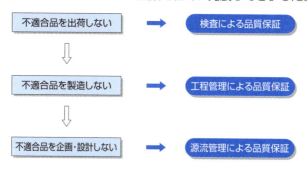

品質管理の役割

企業が、利益を確保するには、商品を多くの人に買ってもらうことと、不適合品による損失を少なくすることが重要です。

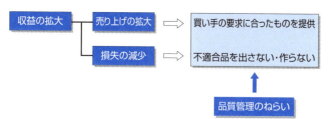

品質管理の活動

品質管理活動には、2つの大きな柱があります。

3 総合的品質管理
全社的かつ総合的に実施するQC活動

製造や技術の一部の部門だけが品質管理活動を実施しても買い手の満足を得ることはできません。全部門で全社員が参加して品質管理を実施することが必要です。全社で実施する品質管理活動を総合的品質管理と呼びます。

　総合的品質管理は、英語では「Total Quality Management」と表記され、この頭文字をとってTQMと略して呼ばれています。総合的品質管理とは、製品やサービスを生産してから顧客に渡すまでのすべての段階（渡したあとのアフターサービスや製品の廃棄も含む）において全組織が実施する体系的な品質管理活動です。

　顧客の満足する品質を備えた製品やサービスを提供するには、市場の調査、研究開発、製品の企画、設計、生産準備、購買・外注、製造、検査、販売およびアフターサービス、さらに財務、人事、教育など企業活動の全段階にわたり、品質管理活動が必要になります。このために実施されるのがTQM活動です。

　このようにTQMは全部門、全段階で、全社員が、品質の保証という共通の目的に向かって実施することが欠かせません。したがって、経営トップ層の強力なリーダーシップのもとで組織的に実施することが求められます。

　TQMには、経営の質を含むあらゆる質、つまり総合品質（Total Quality）を管理する活動という側面もあります。品質だけでなく、原価、量、納期も品質と結びつけて管理していく必要があります。

TQMの「T」=Total

Totalの意味を図解すると、つぎのようになります。

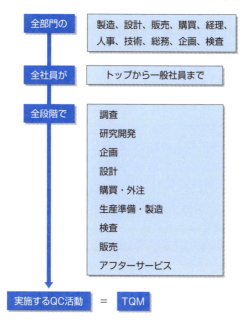

全部門の → 製造、設計、販売、購買、経理、人事、技術、総務、企画、検査

全社員が → トップから一般社員まで

全段階で →
調査
研究開発
企画
設計
購買・外注
生産準備・製造
検査
販売
アフターサービス

実施するQC活動 ＝ TQM

TQMの構成

TQM活動の機能は、つぎのように分類できます。

TQM ─┬─ 品質保証
　　　├─ 品質改善
　　　└─ 経営管理

4 品質管理の思想
QC活動の基盤となる考え方

品質管理には、思想面、手法面、運営面にそれぞれ大きな特徴があります。思想面での特徴が、「QC的考え方」といわれる基本思想です。この考え方は、品質管理を進めていくうえでの基盤になるものです。

QC的考え方は、以下の3つに大別できます。

①品質に対する考え方　さまざまな経営要素の中でも品質を最優先に考える「品質第一主義」、顧客が真に欲しているものを探し出して提供し、顧客の満足を優先して考える「消費者指向」、自分の作り出した結果の受け手は、お客様であるととらえて、良い結果を後工程に引き渡そうと考える「後工程はお客様」などがあります。

②管理に対する考え方　管理活動の基本的な進め方を示す「PDCAのサイクル」、事実とデータに基づく判断を重視する「事実による管理」、良い結果を得るためには、良いプロセスが必要であると考え、プロセスを管理の対象とする「プロセス管理」、顧客の要求する製品を提供するには、製品の企画や設計段階における品質管理が大切であると考える「源流管理」などがあります。

③改善に対する考え方　解決すれば効果の大きい問題、重要な原因に的を絞って改善を進める「重点指向」、異質なものを分けて、管理や分析をするときに使われる「層別」、データの変動に着眼して、分析を進める「ばらつきの探求」などがあります。同じように製造しているつもりでも、良い製品と悪い製品があるのは、どこかにばらつきがあるからです。

QC的考え方

QC的な考え方のなかで特に基本となる考え方は、つぎの10項目です。

品質に対する考え方

1	品質第一主義	➡	品質を最優先に考える
2	消費者指向	➡	顧客の要求を考える
3	後工程はお客様	➡	自分の工程の悪さを次の工程に流さない

管理に対する考え方

4	PDCAのサイクル	➡	仕事と管理の進め方
5	事実による管理	➡	事実に基づいて判断する
6	プロセス管理	➡	良い結果は、良い方法、良いプロセスから生まれる
7	源流管理	➡	作った後の管理よりも、作る前の管理に重点を置く

改善に対する考え方

8	重点指向	➡	重要な問題から手をつける
9	層別	➡	異質な問題や原因を分ける
10	ばらつきの探求	➡	結果のばらつきに注目し、原因を見つける

5 PDCAのサイクル
仕事の進め方

> 品質管理では、**Plan-Do-Check-Act**の手順で、仕事や管理を進めることが重要視されます。この手順は、方針や課題を達成する活動の基本的な進め方としても利用され、管理のサイクルとも呼ばれています。

PDCAのサイクルとは、Plan（プラン＝計画）、Do（ドゥー＝実施）、Check（チェック＝確認）、Act（アクト＝処置）の４つのステップで構成されます。

どんな活動でも、最初に計画を立て、その計画に沿って実施し、実施した結果を確認するというのが、基本的な進め方です。結果を確認したときに、目標と結果の間に差異が認められたならば、処置（修正、是正）を施し、つぎの活動に備えます。つぎの活動は再び計画から始まります。このようなサイクルを「PDCAを回す」と呼んでいます。

最初のPlanのステップでは、後にくるDoの計画（実行計画）だけでなく、CheckとActの計画（管理計画）も立てておくことが大切です。「やるだけやって、結果の確認方法や処置方法は、あとで考える」というのでは、CheckとActがあいまいになり、PDCAが回らなくなります。

PDCAのサイクルに類似の概念として、デミング博士（W.E.Deming）が提唱したデミング・サイクルがあります。これは、品質管理の基本的な進め方を示す図で、調査・設計、製造、検査、販売・サービスのサイクルを、品質を重視する観念と、品質に対する責任感に基づいて回していくことが品質管理では重要であることを示しています。

PDCAのサイクル

つぎの図は、管理の基本的な進め方である「PDCAのサイクル」を示す図です。

デミング・サイクル

つぎの図は、デミング博士が提唱した、品質管理の基本的な進め方を示すもので、「デミング・サイクル」と呼ばれるものです。

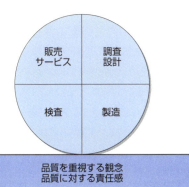

6 事実に基づく判断
データによる管理と活動

> 品質管理では、事実に基づく判断を重視します。この場合の
> 事実とは、データのことです。データを収集し、データによ
> る判断と行動をすることが、事実に基づく判断での、品質管
> 理の科学的な根拠となっています。

　ものごとを「事実で語る」には、現象を詳細に観察するこ
とが大切です。たとえば、製品のキズが問題になったとしま
す。どんなキズが、どこに発生しているかを観察することは、
キズが発生する原因を発見する重要な手がかりになります。
このような観察に加え、キズの数、面積、深さといったデー
タを収集すると、原因を探るうえで効果的な分析が行えます。
　このように「現場、現物、現実」をよく観察して、何が起
きているのか把握する態度を三現主義といいます。三現主義
の実行は、事実に基づく判断を実践することでもあります。
　事実を示すデータは、使用目的によって、①改善に使うデ
ータ、②保証に使うデータ、③管理に使うデータの3つに分
類できます。
　改善に使うデータには、現状の把握や、問題の原因を追及
したり、あるいは対策を決定するのためのデータがあります。
　保証に使うデータには、いつ、どこで検査したのかといっ
た検査のデータや、工程の記録などがあります。
　管理に使うデータには、工程（プロセス）を管理するため
のデータや、製造条件の調節のためのデータがあります。た
とえば、製品の品質を示すデータは、その製品が作られる工
程の状態を表していますので、工程の管理に利用できます。

事実で語る

ものごとを判断するときには、勘や経験だけでなく、事実に基づくことが大切です。事実に基づくには、事実を示すデータが必要になります。

事　実　=　データ

データを集めるときの基本は、「観察」です。

データの種類

データを活用目的で分類すると、つぎのようになります。

改善のために使うデータ
現状把握（現状がどのようになっているかを示すデータ）
原因追及（問題の原因を追及するのに役立つデータ）
対策決定（対策案を評価するためのデータ）

保証のために使うデータ
検査の記録（品質を評価したデータ）
工程の記録（製造の記録を示すデータ）

管理のために使うデータ
管理状態の把握（製造工程の安定性を示すデータ）
製造条件の調節（温度など、製造条件を示すデータ）

7 層 別
共通点を持つグループに分けること

> 層別とは、興味の対象となる集団を、何らかの共通点を持ったグループ（層）に分けることです。層別は、現状を把握したり、問題の原因を見つけるための、データ処理のテクニックです。

　層別してデータを処理する目的は、2つあります。
①グループに分けて比較したい
②異質なものを別々に扱いたい
　たとえば、ある製品の不適合品率が問題になり、製造した機械が原因ではないかと考えたとします。すると、どの機械で製造しても不適合品率が高いのか、機械によって不適合品率に違いがあるのかといったことを調査する必要が出てきます。この場合、不適合を示すデータを機械で層別して、各機械の不適合品率を比較することになります。分析の結果、機械によって大きな差が認められると、今度は不適合品率の高い機械と低い機械の違いを追及することで、不適合の原因を見つける糸口をつかむことができます。
　また、不適合といっても、外観の不適合や性能の不適合など、現象が異なる場合には、不適合現象ごとに対策を考えなければいけません。このようなときには、不適合品を現象で層別して、分析することになります。
　データを収集するときには、あとでいろいろな観点から層別できるように、興味の対象となるデータだけではなく、関係のありそうなデータや、履歴（測定日、測定者、測定器）も記録しておくことが大切です。

層別の考え方

3つの形をしたもの（○、△、□）が、ある箱の中に混在しているとします。層別とは、これを共通点で分けることです。同じ形のものを集め、形ごとに3つの箱に分けることを、形で層別するといいます。

〈形で層別〉

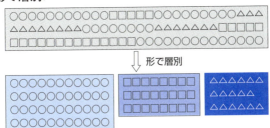

層別の例

ある印刷物に関する不適合品が100枚ありました。この100枚を不適合の現象（3種類）で層別したところ、つぎのような結果になりました。

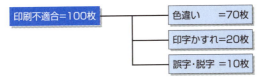

また、この100枚を製造機械（4機）で層別したところ、つぎのようになりました。

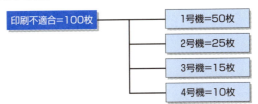

8 小集団活動とQCサークル

問題解決を行う少人数のグループ

日本の品質管理の大きな特色として**QCサークル活動**が挙げられます。同じ職場内で少人数で構成されるグループ（サークル）を作り、グループごとに職場で発生するさまざまな問題を解決していく活動が**QCサークル活動**です。

　TQM活動には、経営トップの品質方針を全社員に展開して進めていくトップダウンの活動のほかに、職場で生じる問題を、同じ職場の人たちが集まって解決していく小集団活動があります。このような小集団活動をQCサークル活動といいます。

　QCサークル活動は、グループで進める活動であることと、従業員が自主的に運営する活動であることが特色です。

　グループで進める活動として、QCサークルとは別に、プロジェクトチームを編成して、品質問題に取り組む方式があります。しかし、プロジェクトチームの場合には、最初に会社から与えられたテーマがあり、そのテーマに精通した人々が各職場から集められ、活動します。そして、プロジェクトの完了とともに、プロジェクトチームは解散します。

　これに対してQCサークルの場合は、サークルのメンバーが相互に話し合って活動のテーマを１つ決めます。そして、自主的にテーマに取り組み、完了すると、つぎは別のテーマに取り組むという進め方をします。プロジェクトチームが一時的であるのに対して、QCサークルは永続的なものです。

　かつては、QCサークルの活動は、日本特有のものでしたが、いまや世界的な広がりを持っています。

QCサークルとは

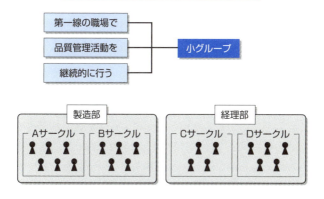

第一線の職場で
品質管理活動を
継続的に行う

小グループ

製造部
- Aサークル
- Bサークル

経理部
- Cサークル
- Dサークル

QCサークルの特色

1	創造性の発揮
2	自己啓発、相互啓発
3	QCの考え方と手法の活用
4	自主的な運営
5	全員参加

QCサークルの基本理念

人間の能力を発揮し、無限の可能性を引き出す。

人間性を尊重して、生きがいのある明るい職場をつくる。

企業の体質改善・発展に寄与する。

(以上、QCサークル綱領より)

方針管理
方針を展開・実施する活動

品質管理を効率的に進めるためには、経営トップが会社としての品質に関する方針を明示し、各部門はその方針の達成に向けて行動していくという、一連のしくみが必要になります。このためのしくみが、方針管理です。

方針管理は、方針の展開と管理によって実施されます。

方針の展開は、最初に経営トップが会社方針を明示することから始まります。つぎに、各部門がその方針を受けて、部門ごとの方針、たとえば、部方針を策定します。さらに、その下位組織、たとえば、各課が、課方針を策定するという流れになります。

したがって、方針管理における各方針は、上位職の方針を反映したものでなければいけません。トップの方針を受けて、部長方針が決まり、部長方針を受けて、課長方針が決まるようなしくみになります。このような上位と下位の連鎖で方針を設定するしくみを方針展開と呼びます。

方針には、目標と方策があります。このうち方策とは、目標を達成するための手段です。たとえば「新規設備を導入して、工程の不適合品率を0.1%にする」という場合、「工程の不適合品率を0.1%にする」というのが目標で、「新規設備の導入」が方策です。

方針管理で対象している方針は、品質方針だけではありません。利益、原価、納期、生産量、新製品開発などの重要な経営要素に関する方針も方針管理の対象になります。なお、方針の切り替えは、通常1年ごとに行われます。

方針管理のしくみ（例）

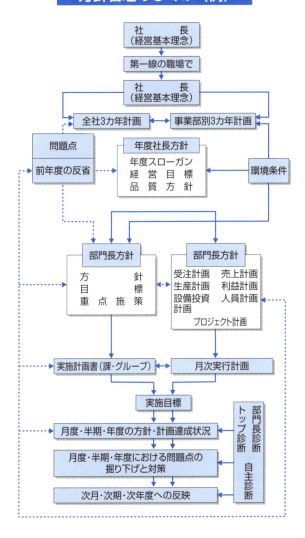

社　　長
（経営基本理念）

第一線の職場で

社　　長
（経営基本理念）

全社3カ年計画　　事業部別3カ年計画

問題点

前年度の反省

年度社長方針
年度スローガン
経営目標
品質方針

環境条件

部門長方針
方針
目標
重点施策

部門長方針
受注計画　売上計画
生産計画　利益計画
設備投資　人員計画
計画
プロジェクト計画

実施計画書（課・グループ）　　月次実行計画

実施目標

月度・半期・年度の方針・計画達成状況

部門長診断
トップ診断
自主診断

月度・半期・年度における問題点の
掘り下げと対策

次月・次期・次年度への反映

品質管理活動は、現状の品質を維持するための活動と現状の品質を向上するための活動に分けることができます。方針管理が品質の向上をねらいとした活動であるのに対して、品質の維持をねらいとした活動が日常管理です。

たとえば、ある製品の不適合品率が10%だったとします。ここで何らかの改善を施し、10%から1%に下がった場合、再び悪い状態（10%）に戻らないよう、いつも不適合品率1%を維持できるようにすることが、日常管理の役割です。

日常管理を行う前提として、作業の標準（取り決め）が存在している必要があります。現状を維持するということは、いつも同じ結果が得られるようにするということですから、そのためには、同じ作業をする必要があります。標準がなければ、同じ作業をすることはできません。

日常管理は一般に、PDCAのサイクル（→18ページ）で進めます。最初に標準の設定と確認を行い（Plan）、標準通りの作業を実施（Do）、作業の結果を確認して（Check）、結果が当初のねらい通りでないときには是正処置をとる（Act）という進め方になります。標準から始まるので、StandardのSを使って、「SDCAのサイクル」と表現されることがあります。

なお、日常管理の対象となる業務は、品質にかかわる業務だけではありません。日常的に行っている業務ならば、すべて日常管理の対象になります。たとえば、経理部などが行う売掛金の管理などは、日常管理と考えてよいでしょう。

日常管理のサイクル

日常管理の進め方を、SDCAのサイクルを利用して図示すると、つぎのようになります。

日常管理のしくみ

作業の流れに対応づけて、日常管理のしくみを図示すると、つぎのようになります。

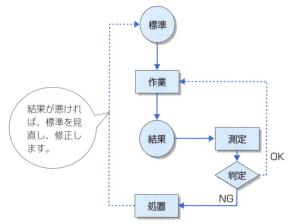

11 機能別管理
経営要素別の管理

品質、原価、量（納期）をQCDといいます。これらを確保する活動は、複数の部門にまたがり、部門別の管理だけでは部門間の連携や情報の伝達に関する活動を管理できません。部門間の活動を有効に管理するシステムが機能別管理です。

　品質が確保されていることを保証する活動を品質保証といいます。品質保証を行うには、営業、開発、設計、製造、技術などの複数の部門が連携して活動する必要があります。そして、こうした連携活動を管理するには、部門を横断する部門間管理のしくみが必要になります。

　機能別管理は、経営要素別に部門間管理を行う管理のしくみです。部門別管理をタテの管理とすれば、機能別管理はヨコの管理といえます。

　機能別管理には、品質に関する品質保証、原価に関する原価管理、生産量に関する生産量管理（納期管理）などがあります。また、新製品開発管理、営業管理、人材開発管理なども機能別管理のしくみで進めることができます。TQM活動では、これらの機能別管理の中で、品質保証に最も重点を置きます。

　会社は部門別にタテの組織で通常は動いています。したがって、ヨコの管理である機能別管理を効率的に進めるには、機能ごとに委員会（たとえば、品質保証委員会）を設ける必要があります。委員会は、各部門から選出されたメンバーで構成され、各機能に最も関係の強い部門が主管部門となって、全体の取りまとめを行うようにします。

3大経営要素と機能別管理

重要な経営要素として、品質、原価、量（納期）があります。
各要素に対応して、機能別管理が考えられます。

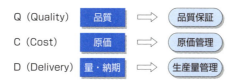

Q（Quality）	品質	⇨	品質保証
C（Cost）	原価	⇨	原価管理
D（Delivery）	量・納期	⇨	生産量管理

タテの管理とヨコの管理

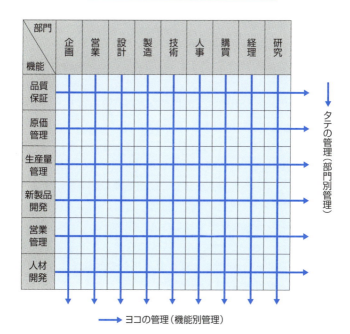

機能 ＼ 部門	企画	営業	設計	製造	技術	人事	購買	経理	研究	
品質保証										→
原価管理										→
生産量管理										→
新製品開発										→
営業管理										→
人材開発										→

タテの管理（部門別管理）

⟶ ヨコの管理（機能別管理）

> 管理とは、**PDCA**のサイクルを回すことです。このサイクルの中で、チェックしなければいけない項目や特性のことを、管理項目といいます。**PDCA**のサイクルを回すためには、管理項目が必要になります。

　作業や方策を実施したときには、実施結果がねらい通りの出来映えであったかどうかを確認する必要があります。この行為は、PDCAのサイクルでいえばC（Check）のことですが、作業の出来映えとして、何をチェックするかが管理項目と呼ばれるものです。

　たとえば、製造工程の管理ならば、その工程から作り出される製品の品質を示す特性（厚さや重さ、平滑さなど）が、管理項目になります。また、伝票処理という業務であれば、伝票の処理枚数や処理ミスの件数などが管理項目として考えられます。

　さて、作業の結果（管理項目）に影響を与える要因は、作業に着手する前や、作業の途中でチェックする必要があります。たとえば、ある製品を作るのに熱処理をして加工する作業が必要な場合、熱処理時間や温度などは、出来上がった製品に影響を与えるはずです。したがって、熱処理をする前と、熱処理を行っている途中で時間や温度をチェックする必要があります。このようなチェックの項目を管理項目に対して、点検項目と呼びます。

　結果系のチェック項目が管理項目、要因系のチェック項目が点検項目と考えるとよいでしょう。

PDCAのサイクルと管理項目

あるスポーツ用品の製造工程を例に、PDCAの各ステップに対応させて管理項目と点検項目を列挙してみます。

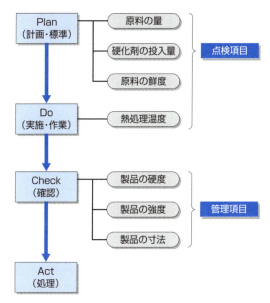

管理項目と点検項目の呼称

管理項目、点検項目という呼び方は、企業によってさまざまです。しかし、本質的な意味はすべて同じです。

	結果系のチェック項目	要因系のチェック項目
呼称1	管理項目	点検項目
呼称2	管理点	点検点
呼称3	結果系管理項目	要因系管理項目

13 QC診断
品質管理活動そのものの診断

品質管理の活動は、その活動自体が計画通りに進められているかどうかを定期的にチェックする必要があります。品質管理の活動が適正に運営されているか調査する方法として、QC診断（品質管理診断）があります。

QC診断とは、個々の製品の品質を診断することではなく、品質管理活動全体を診断することです。

たとえば、設計部門は製品仕様書を決められた手順で作成しているか、製造部門は工程管理ができているか、品質保証部門は顧客の苦情を分析して関係部門に伝達しているかなど、品質管理全般のしくみが正確に運営されているかどうかを担当者が入念にチェックします。そのうえで、問題点を発見したり、改善策を提案することがQC診断の目的です。

QC診断には、社内の人間による社内QC診断と、社外の人間による外部QC診断があります。社内QC診断の場合は、通常、社長と品質管理の担当役員などが診断者になります。外部QC診断の場合は、社外のQCの専門家が診断者になります。外部QC診断は、問題点の発見のほかに、自社の品質管理レベルを把握することができるという長所があります。

品質管理活動の表彰制度に「デミング賞」があります。この賞は、特定の企業とは中立的な立場にある第三者（デミング賞委員）によって公正な審査が行われ、表彰に値するかどうかが決定されます。デミング賞は、品質管理活動の表彰としては、日本で最も権威があるとされ、日本製品の品質向上に大きな貢献をしてきました。

QC活動におけるQC診断の位置づけ

QC活動そのものもPDCAを回す必要があります。このとき、Checkのために行われるのが、QC診断です。

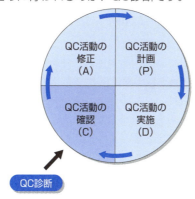

QC診断の主要チェックポイント

QC診断では、自社のQC活動が、計画通り実施されているか、効果をあげているか、問題点はないかなどをチェックします。

項　目	内　　容
品質方針の徹底	トップの方針は展開、徹底されているか
品質目標の達成	品質に関する目標は、達成できているか
品質情報の解析	品質に関するデータを解析しているか
品質情報の活用	品質に関するデータを活用しているか
品質問題の解決	品質に関する問題を解決しているか
品質保証のしくみ	しくみ通りに活動しているか
工程管理	工程は安定しているか
教育	品質管理の手法や思想を教育しているか
標準・規定	作業標準を設定・改訂しているか

Coffee Break

5S・ほうれんそう

5Sとは、次の5つの言葉を指します。

「整理・整頓・清掃・清潔・躾（しつけ）」

これらの言葉は、ローマ字で書くと、すべてSで始まることから、5Sと呼ばれています。

品質管理活動では、生産現場で、決められたルールを確実に守るということが、重要視されます。これは、まさに「躾」の問題です。躾には、礼儀作法、マナーのほかに、ルールを守るということも含んでいます。また、工場では、塵やほこりが不適合品の原因となります。このことを防ぐための基本は、「清掃・清潔」にあります。特に精密機械工場では、大変な労力とコストを払って、塵やほこりの除去に努めています。

こうしたことから、5S運動は、品質管理という観点からも、重要な役割を果たしている運動といえます。

一方、品質管理活動は、多くの人が携わり、自主的な活動以外は、上司からの指示や命令で活動が遂行されます。その活動を円滑にすすめるためには、「報告・連絡・相談」が重要です。この「ほうこく・れんらく・そうだん」を略して「ほうれんそう」「報連相」と呼んでいます。報告は口頭で済む場合もありますが、文書やグラフなどが要求されることもあります。連絡は重要度や緊急度を考慮して行います。正確かつ迅速な連絡は、問題の拡大や未然防止に役立つものです。相談は問題を解決する上で、自分だけでは処理できないような事態に際したとき、不可欠なものです。自分一人でかかえこまずに、上司や先輩に相談するようにこころがけることが大切です。相談するときには、相談内容が相手に伝わるようにする必要があります。

第 **II** 章

品質保証の考え方

14 品質の保証
品質に信頼感を与える体系的活動

> 品質保証（Quality Assurance; QA）は、TQM活動の中核となる活動です。そして品質保証活動は、製品またはサービスのライフサイクルを通じて、すべての段階で実施される活動です。

　品質保証活動は、一般に品質の計画、確保、確認、約束、伝達の5つの活動で構成されます。

　①品質を計画する活動　顧客の要求する品質を把握し、製品コンセプトに盛り込む活動（品質企画）と、製品コンセプトに基づき、具体的な製品の品質目標を定めて、仕様書や設計図に盛り込む活動（品質設計）があります。なお、品質を計画する活動には、このような個別の製品の品質に関する計画のほかに、品質管理活動全体の計画があります。具体的には、品質方針の策定や品質保証のシステム作りを行うことなどが挙げられます。

　②品質を確保する活動　所望の品質レベルを満たす資材や原料の調達と、製造工程での品質の作り込みがあります。

　③品質を確認する活動　品質の検査と品質の調査があります。品質の検査では、ねらい通りの品質が確保されているかどうかを確認します。品質の調査では、買い手に渡ってからの品質と、顧客の満足度を調べます。

　④品質を約束する活動　買い手との契約に基づき、製品に関する補償をする活動です。

　⑤品質を伝達する活動　品質に関する情報を処理し、関係する部署に伝達する活動です。

品質保証の機能

品質保証は、品質の計画、確保、確認、約束、伝達機能で構成されます。

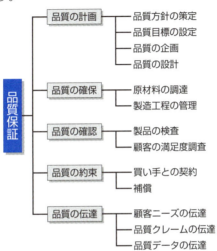

品質保証の技術

品質保証活動を実施するうえで必要となる技術には、つぎのようなものがあります。

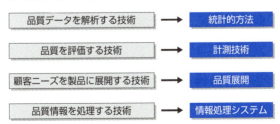

15 品質の計画

どの程度の品質にするか決める

使用者の要求を考慮した品質を企画し、それに基づいて製品を製造する際の品質に関する目標を設定することが品質の計画です。品質の計画は、製品の開発および設計段階で行われる品質保証活動です。

新製品を開発するには、まず、顧客のニーズ（要求）や社会の動向に関する情報を収集します。そして、収集した情報をもとに、製品のコンセプトを作ります。このような作業を製品企画といいます。この段階で顧客が要求している品質をコンセプトに盛り込みます。これが、品質の企画です。

品質の企画に際しては、品質に使用品質が反映されるようにする必要があります。使用品質とは、「使用者が要求する品質、または品質に対する使用者の要求度合」とJISでは定義されています。使用品質を探索するための手段として市場調査があります。市場調査とは、顧客、製品、サービス、販売方法、広告などに関する事実や意見を調査することです。

製品のコンセプトは、設計図や仕様書として具体化します。これが製品設計です。この段階で品質の設計を行います。品質の設計というのは、製造の目標となる品質（ねらいの品質＝設計品質）を決めることです。

設計品質は、使用品質と照らして妥当なものになっていなければいけません。そのことを検証する方法として、設計審査（デザインレビュー）があります。設計審査とは、製品の設計段階で、性能や機能、原価などを考慮しながら、設計についての審査を行うことです。

ニーズの把握から製品設計まで

携帯電話を例に、顧客ニーズの把握から製品設計までのプロセスを図示します。

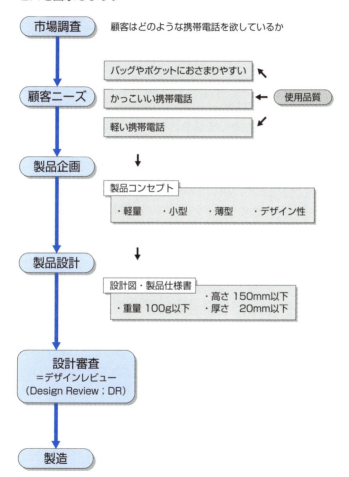

市場調査　顧客はどのような携帯電話を欲しているか

顧客ニーズ
バッグやポケットにおさまりやすい
かっこいい携帯電話　←　使用品質
軽い携帯電話

製品企画
製品コンセプト
・軽量　　・小型　　・薄型　　・デザイン性

製品設計
設計図・製品仕様書
・重量 100g以下　・高さ 150mm以下
　　　　　　　　・厚さ　20mm以下

設計審査
＝デザインレビュー
（Design Review；DR）

製造

16 工程の管理

製造工程で品質を作り込む

> 「ねらいの品質」を実現するのが製造の役割です。品質の良し悪しは製造工程に左右されます。したがって、製品の品質を確保するには、購買品と製造工程の管理、つまり工程管理が重要になります。

　製造段階でねらい通りの品質を確保するには、品質に影響を与える原因の管理（要因系の管理）と、製品の品質特性の管理（結果系の管理）が必要になります。製造工程におけるこれらの管理活動を総称して「工程管理」と呼んでいます。

　工程管理には、QC工程図と呼ばれる帳票がよく活用されます。QC工程図とは、製造工程の中の各段階で、品質特性として何をチェックするか、品質に影響を与えるものとして何をチェックするかを明記した一覧表です。

　QC工程図の作成にあたっては、前もって製造工程の中で、何が品質に影響を与えているかを、工程解析によって明らかにしておく必要があります。工程解析とは、製品の品質特性と工程上の要因との関係を分析することです。

　製品の品質に大きな影響を与える要因として、原料・材料（Material）、機械・設備（Machine）、製造方法（Method）、人（Man）を挙げることができます。これらは、英語の頭文字から4Mと呼ばれます。製造工程で品質を作り込むためには、この4Mの管理が重要です。

　機械・設備の管理については、TPM（Total Productive Maintenance）という、設備保全に関する方法があり、多くの企業で導入されています。

機種												
機種												
工程図	工程手順名	作業内容	管理項目	規格値・管理水準	測定・判定器具	管理責任者 課長	保長	握スタッフ	課長 認諮 係長 班長	チェック/サンプリング間隔（抜取数/周期） 開始中 運転中	記録	異常時の処置
▽	1. 白紙		①紙くせ	カールや反ちのないこと	目視					台与		品質管理部に連絡し印刷適正を判断してもらうとともに資材に連絡する。
			②外観品質	汚れ・キズのないこと	〃				○	〃		
▽	2. 製版								○			
◇	3. 検版		①ボケジ 文字表示内容 調子再現性	原稿通りこと 欠落通り 指定通り	目視（指なり） 〃				○ ○	下版時	チェックシート	
○	4. 刷版		焼付現像	焼きボケ・ゴ三のないこと	目視						チェックシート	
◇	5. 検版		①レイアウト寸法 ②文字の欠落 ③調子の状態 ④色○○○ ○式マーク	校了紙通り ないこと 指定通り	スケール 目視 〃 〃	○ ○ ○ ○				全数 〃 〃 〃	チェックシート 〃 〃 〃	第一作業課に連絡しスケジュールを調整し焼き直す
○	6. 印刷	1. 事前検討 2. 準備作業	①油、水ヌレ	社内規定 作業○○○○ 仕上がり○○○ ──▶		○				全数	チェックシート	機械設備の故障が

43

17 品質の検査
品質がねらい通りか確認する

製品の品質がねらい通りに確保されているか否かを判定する
のが検査の役割です。検査には、完成品に対して行う最終検
査だけでなく、工程内で行う中間検査や、購入品の受入検査
などがあります。

　検査は品質を確認するための活動です。検査とは「品物ま
たはサービスの１つ以上の特性値に対して、測定、試験、検
定、ゲージ合わせなどを行って、規定要求事項と比較して、
適合しているかどうかを判定する活動」とJISでは定義され
ています。

　検査には製造した製品をすべて調べる全数検査と、一部だ
けを抜き取って調べる抜取検査があります。全数検査のほう
が確実な検査と考えがちですが、自動検査機などによる検査
でなければ、仕事量が膨大になり、結果的に見落としなどが
発生する可能性が高くなります。

　しかし、人命にかかわるような非常に重要な特性に関する
検査は、破壊検査（検査された製品は破壊される）の場合を
除いて、たとえコスト高になっても全数検査を実施する必要
があります。

　検査は合否の判定方法によっても分類することができます。
製品の特性を調べて、適合品と不適合品に分け、不適合とな
った製品の数または不適合の数で合否を判定する方法を計数
値検査といい、長さや重さなどの特性を測定し、その測定値
または測定値の平均値によって合否を判定する方法を計量値
検査といいます。

検査の種類(1)——目的による分類

検査はどの時点で何を目的に実施するかによって、つぎのように分けられます。

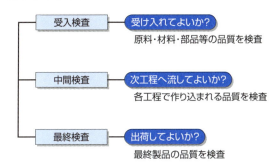

受入検査 ── 受け入れてよいか？
原料・材料・部品等の品質を検査

中間検査 ── 次工程へ流してよいか？
各工程で作り込まれる品質を検査

最終検査 ── 出荷してよいか？
最終製品の品質を検査

検査の種類(2)——実施方法による分類

全数検査 ── 製品をすべて検査

抜取検査 ── 製品の一部を検査

検査の種類(3)——判定方法による分類

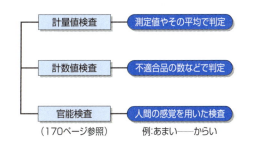

計量値検査 ── 測定値やその平均で判定

計数値検査 ── 不適合品の数などで判定

官能検査 ── 人間の感覚を用いた検査
（170ページ参照）　　　例:あまい──からい

品質情報システム

品質を各部署に伝達するしくみ

製品の企画段階から、販売後の使用段階に至る過程で、さまざまな品質に関する情報が得られます。これらの情報は、品質情報と呼ばれ、品質保証活動を効果的に運営するために活用されます。

品質の維持と改善のためには、以下のような情報が必要になります。

①顧客がどのような品質を要求しているか

②どのような品質をねらいとするか

③製造工程の各プロセスで品質が確保されているか

④出荷可能な品質が確保されているか

⑤製品の使用者は満足しているか

これらの品質情報を、収集、加工、保管、伝達するためのしくみが、品質情報システムです。

収集　製品の品質情報を各部署や社外から収集するには、製品やサービスの品質を評価・計測する技術を蓄積しておかなくてはなりません。

加工　収集した品質情報を加工するには、データを整理し、解析する技術が必要になります。統計的方法は、データを解析するための有効な手段になります。

保管　収集および分析した品質情報は、必要な情報が、迅速かつ容易に探し出せるように、保管と検索の方法を併せて考えなければいけません。このための最良の方法は、コンピュータの活用です。品質情報を電子化して、データベースを構築しておくと、情報の検索が容易になります。

品質情報

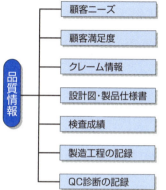

品質情報システム

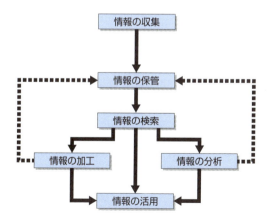

19 品質保証システム
役割の明確化が品質保証の決め手

> 会社の各部門は、製品の企画から販売に至るすべての段階で、品質保証活動を実施します。この活動が、組織的に、効果的に実行できるように、各部門の果たす役割を明確に規定したプログラムが、品質保証システムです。

　品質保証活動は、製品やサービスのライフサイクルを通じて実施されます。製品の一般的なライフサイクルは、つぎのような7段階に整理できます。

　①調査・企画
　②試作・設計
　③生産準備（工程の計画・開発）
　④生産
　⑤販売・サービス
　⑥販売後の活動
　⑦廃棄・リサイクル

　品質保証システムは、これらの各段階で行われる品質保証活動を、組織的に実施するためのしくみです。

　品質保証システムを図で表示したものが、品質保証体系図です。品質保証体系図は、一般には、縦方向に品質保証のステップ（または、製品やサービスのライフサイクル）を配置し、横方向には各部門を配置したマトリックスの形をしています。マトリックスの内部には、各ステップで、各部門が実施する業務が明記されます。品質保証体系図は、品質クレームが発生した際に、品質保証システムそのものの欠陥を究明するのに役立ちます。

品質保証体系図の例

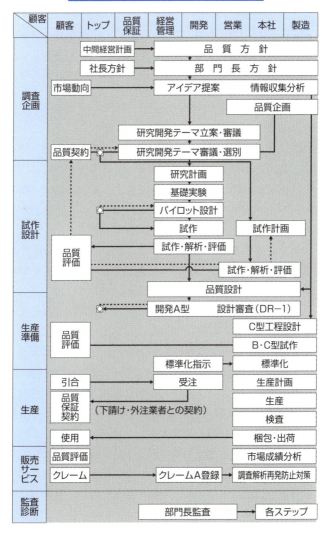

顧客	顧客	トップ	品質保証	経営管理	開発	営業	本社	製造
調査企画		中間経営計画		→	品 質 方 針			
		社長方針		→	部 門 長 方 針			
	市場動向			→	アイデア提案	情報収集分析		
						品質企画		
				研究開発テーマ立案・審議				
	品質契約			研究開発テーマ審議・選別				
試作設計				研究計画				
				基礎実験				
				パイロット設計				
				試作		試作計画		
	品質評価			試作・解析・評価				
					試作・解析・評価			
				品質設計				
生産準備				開発A型　設計審査（DR−1）				
	品質評価					C型工程設計		
						B・C型試作		
				標準化指示	→	標準化		
生産	引合		→	受注		生産計画		
	品質保証契約	（下請け・外注業者との契約）				生産		
						検査		
	使用		←			梱包・出荷		
販売サービス	品質評価					市場成績分析		
	クレーム		→	クレームA登録	→	調査解析再発防止対策		
監査診断				部門長監査	→	各ステップ		

49

20 品質展開
要求品質と品質特性を結びつける方法

顧客の要求する品質を製品で実現させるには、設計する段階で決まる品質特性に、要求品質を反映させておく必要があります。この要求品質と品質特性を結びつける手段が、品質展開です。

　顧客の要求する品質は、たとえば、「軽くて、破れにくい製品が欲しい」といったように、言語で示されるのが一般的です。このような要求品質を製品として具現化するには、軽さを評価する特性、破れにくさを評価する特性を設定（数値化）して、各特性の**ねらい値**を設計段階で定める必要があります。

　言語で表される顧客の要求品質を、数値で評価することができる品質特性に変換し、要求品質と品質特性の関連を明らかにしていく方法が「品質展開」です。

　品質展開の過程は、要求品質展開表の作成、品質特性展開表の作成、品質表の作成の3つに分けることができます。

　①**要求品質展開表**　顧客の要求品質を細分化・統合化して、整理した表です。もとになる顧客の要求に関するデータは、アンケート調査やクレーム情報から収集します。

　②**品質特性展開表**　要求品質に対応する品質特性を細分化・統合化して、整理した表です。

　③**品質表**　上記の要求品質展開表と品質特性展開表を、行と列に配置し、相互の関連を表示した二元表です。

　品質表を作成することで、顧客の要求品質が、製品の品質に反映されているかどうかをチェックすることができます。

品質表の例

品質表の例

バッケージ品質特性（安全・衛生性：厚生省二十号／臭気／細菌付着／異物混入／添加物質；素材物性：伸度／耐ビンホール性／耐油性／耐熱性；社会性：表示・印刷／可燃性／リサイクル性）　**品質企画**（比較分析：プラスチックボール／金属缶／一升瓶；企画：企画品質／レベルアップ率；セールスポイント）

一次	二次	三次	厚生省二十号	臭気	細菌付着	異物混入	添加物質	伸度	耐ビンホール性	耐油性	耐熱性	表示・印刷	可燃性	リサイクル性	重要度	プラスチックボール	金属缶	一升瓶	企画品質	レベルアップ率	セールスポイント
中身が保護できる	内容物の品質保持が良い	変質、腐敗がない			◎	◎			△	△					4	4	4	3			
		油脂の溶出がない				○				○				◎	5	4	4	5	5	1.7	
		味が変わらない		◎							△	○			5	4	4	4			○
		光を通さない		△											3	2	5	3			○
	内容物の保護性が良い	空気に触れない							◎						4	4	4	4			
		洗濯時に液漏れしない							○						5	4	4	4			
		保管中に液漏れしない													4	5	5	5			
		低温でも破損しない													3	2	4	3			
	包材の強度がある	落下してもこわれない							○						4	4	5	1			
		輸送中変形破損しない									△				2	4	3	3			
		油脂による劣化がない								◎					3	5	5	5	5	1.2	
		温度による劣化がない									◎				3	5	5	5	5	1.2	
安全である	安全衛生が高い	安全な材料を使用する	◎			○	○								5	4	4	4			
		異物混入がない			○	◎									4	4	4	4			
		工場が衛生的である	○		○	○									3	4	4	4			
		内容物に影響がない		○		○				△		○			3	4	3	3			
消費者が喜ぶ	使いやすい	開封しやすい						△							4	5	5	5	5	1.2	
		中身を取り出しやすい													5	5	3				
		開封方法が明確である									○				1	5	4	5			
地球に優しい	廃棄しやすい	空容器の回収が容易													3	3	2	2			○
		燃せる											◎	○	4	4	1	1			◎
		リサイクルできる												◎	4	2	2	2			○
		ゴミの体積が小さい												○	5	2	2	1			◎
コストが安い	流通費がかからない	輸送しやすい									△				4	3	4	2			◎
		保管しやすい									△				5	3	4	2			○
		集積しやすい												○	4	3	4	2			○
		適当な重量である													1	4	4	3			○

対応関係
◎：強い対応
○：対応
△：対応が予想

21 信頼性の保証

故障の少ない製品を保証すること

> 製品が、与えられた条件のもとで、規定の期間中、要求された機能を果たすことができる性質が信頼性です。寿命が長い、故障が少ないといった、信頼性の高い製品を実現させることは、品質保証の役割です。

　性能が優れていて、機能が豊富な製品であっても、頻繁に故障する製品は、品質が良いとはいえません。故障が少ない製品を提供するには、信頼性を保証するための活動が必要になります。

　信頼性保証の活動としては、設計の段階では、**FTA**（故障の木解析）や**FMEA**（故障モード影響解析）、**DR**（設計審査）などが挙げられます。また、試作の段階では、信頼性試験を実施し、データの収集と解析を行います。

　信頼性保証の活動に万全を期しても、絶対に故障しない製品を作ることは事実上、不可能です。そこで、信頼性を確保するための活動に加えて、**保全**という活動が重要視されます。

　保全には、**予防保全**と**事後保全**があります。予防保全は、故障を未然に防止し、常に製品を使用可能な状態に維持するための活動です。事後保全は、製品の故障時に使用可能な状態に回復させるための活動です。保全のしやすさを保全性といいます。故障時の修理が容易な製品は、保全性が高い製品です。保全性も、信頼性保証の対象です。

　信頼性を数量的に評価するための尺度には、信頼度、故障率、MTBF（平均故障間隔）などがあります。また、保全性の尺度には、MTTR（平均修復時間）などがあります。

信頼性の特性値

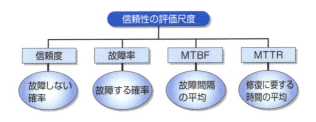

信頼性の評価尺度

信頼度	故障率	MTBF	MTTR
故障しない確率	故障する確率	故障間隔の平均	修復に要する時間の平均

故障の木

故障の木は、故障や事故が起こる原因を、ANDゲート（△）と、ORゲート（△）と呼ばれる記号を使って、整理する図法です。故障・事故の原因を分析する際に有効です。

〈例〉パソコンソフトが動作しないという故障が起きたとします。原因として、ハードの故障とソフトの故障が考えられるとします。これらは、どちらか一方が、故障していても、ソフトは動作しませんから、ORゲートで結びます。また、ハードの故障原因として、システムAとBが考えられるとして、AとBの両方が、故障すると、ハードが故障するときには、これらをANDゲートで結びます。

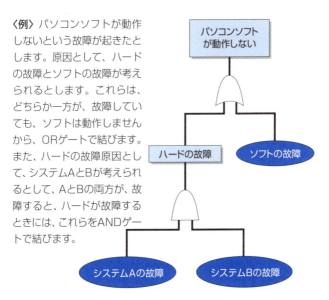

パソコンソフトが動作しない

ハードの故障 ／ ソフトの故障

システムAの故障 ／ システムBの故障

22 製造物責任
製品に起因する事故の賠償責任

製造物の欠陥により、人の生命、身体、財産に被害が生じた場合に、製造業者等が負うべき損害賠償の責任を製造物責任（Product Liability; PL）と呼びます。製造物の欠陥防止は、品質保証の重要な課題です。

製造物責任によるトラブルを未然に防ぐには、製造物責任防御（Product Liability Defence; PLD）と、製品安全（Product Safety; PS）で万全を期すことが必要です。

製造物責任防御とは、製造物責任について定めた法律である、製造物責任法（PL法）に絡んだ訴訟に備えることです。PL法に基づいた裁判では、製造者に証拠の提示が要求されますから、証拠となる記録の保存が重要になります。また、多額の損害賠償への備えとしてPL保険への加入も考える必要があります。

製品安全とは、製品の欠陥、危険性を排除して、安全性を確保することです。製品の欠陥には、設計上の欠陥、製造上の欠陥、警告・表示上の欠陥があります。これらの欠陥を防止して、安全性を確保するための活動は、信頼性を確保する活動と同じです。信頼性を安全性に置き換えることで、信頼性保証の活動を、ほとんど利用することができます。

安全性解析においても、故障を危険に置き換えることで、FTA、FMEAなどの信頼性の解析手法を適用することができます。これらの手法に加えて、PDPC（新QC七つ道具）と呼ばれる手法も、安全性解析には有効です。なお、安全性解析では、危険をどれだけ予測できるかが重要です。

製造物の欠陥

```
                    ┌─ 設計上の欠陥
          欠陥  ────┼─ 製造上の欠陥
                    └─ 警告・表示上の欠陥
```

製造物責任の予防と品質保証

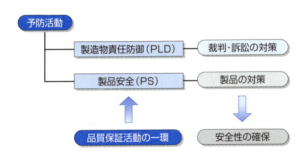

```
予防活動
    │
    ├── 製造物責任防御（PLD）── 裁判・訴訟の対策
    │
    └── 製品安全（PS）──────── 製品の対策
              ↑                      ↓
        品質保証活動の一環       安全性の確保
```

安全性確保の活動

1　危険の予測

FTA・FMEA・PDPC（→118ページ）などの手法が有効です。

2　事故情報の収集と解析

過去の事故事例を収集・解析することで、欠陥の未然防止や危機の拡大を防ぎます。

23

顧客満足度
品質保証の重要な尺度

優れた品質の製品やサービスを提供することで、顧客満足（Customer Satisfaction; CS）を向上させることが、品質保証の大きな目的です。顧客満足度は、品質保証活動の評価尺度にもなります。

製品やサービスに対して、苦情が発生するのは、顧客が不満を感じているからです。それでは、苦情がなければ、顧客は満足していると判断してよいかというと、そうではありません。

苦情がないのは、当たり前の品質が確保できているだけであって、満足度が高いことの証拠にはなりません。顧客の満足度は、実際に調査をしなければ把握できないのです。

顧客満足度調査では、人、製品、サービス、価格のそれぞれに対する満足度と、すべてを合わせた総合的な満足度を調査するのが一般的です。

評価の対象としては、特定の製品やサービスを取り上げる場合と、企業が提供するすべての製品やサービスを取り上げる場合とがあります。ある特定の製品品質だけを評価の対象とする場合を品質調査と呼ぶことがあります。

調査には、企業が独自に行う調査と、第三者機関が行う調査があります。企業が独自に行う調査の場合、自社で実施する場合と、外部の調査専門機関に依託する場合があります。調査の方法は、質問紙によるアンケート調査が一般的です。また、アンケートの実施にあたっては、面接法、郵送法、電話法、会場法など、種々の方法を用います。

顧客満足度調査の実際

顧客満足度を調べる方法としては、質問紙によるアンケート調査がよく行われます。つぎに示すのは質問紙の例です。

〈例1〉

```
問1   当ホテルのフロントの対応はいかがでしたか？
      1  不満    2  やや不満    3  普通    4  やや満足    5  満足

問2   宿泊部屋の清潔度はいかがでしたか？
      1  不満    2  やや不満    3  普通    4  やや満足    5  満足

問3   レストランの食事はいかがでしたか？
      1  不満    2  やや不満    3  普通    4  やや満足    5  満足

問4   総合的な満足度はいかがでしたか？
      1  不満    2  やや不満    3  普通    4  やや満足    5  満足
```

このように個別の満足度（問1、問2、問3）と総合満足度（問4）で質問を構成することにより、どの個別満足度が総合満足度に影響を与えているのかをデータの解析により明らかにすることができます。

〈例2〉

```
問1   つぎの製品（A、B、C、D）の中で最も使いやすいと感じた商品を選
      んでください。
                  A        B        C        D

問2   つぎの製品（A、B、C、D）の中で最もデザインがよいと感じた商品
      を選んでください。
                  A        B        C        D

問3   つぎの製品（A、B、C、D）の中で最も満足度が高い商品を選んでく
      ださい。
                  A        B        C        D
```

この例のように、複数の対象品を比較して、満足度の高い商品を調べるという方法もあります。

24

ISO9000ファミリー
品質管理と品質保証の国際規格

国際標準化機構（International Organization for Stand-ardization; ISO）が制定する品質マネジメントシステムに関する規格がISO9000（JIS Q9000）ファミリーです。このファミリーはISO9000、ISO9001、ISO9004、ISO9005で構成されています。

　品質に対する要求や意識は、国によって大きく異なります。このことは貿易において、品質に関するトラブルを引き起こす原因となります。こうしたトラブルを防止するための世界共通の品質マネジメントに関する規格がISO9000ファミリーの規格です。この規格に合致していることを取引の必要条件にすれば、どの国の企業とも安心して取引できます。規格に合致しているかどうかの判定は第三者機関が審査します。

　ISO9000ファミリーは、組織が効果的な品質マネジメントシステムを実施し、運用することを支援するために開発された規格で、ISO9000、9001、9004で構成されています。

　ISO9000（JIS Q9000）は品質マネジメントシステムの基本と用語を説明しています。

　ISO9001（JIS Q9001）は顧客の要求事項や適用される規制要求事項を満たした製品を、組織が提供できるだけの能力をもつことを実証するのに必要な品質マネジメントに関する要求事項を規定しています。

　ISO9004（JIS Q9004）は品質マネジメントシステムの有効性と効率の双方を考慮した指針を提示しています。ISO9005（JIS Q9005）は品質マネジメントシステムを持続的に成功させるための指針を提供しています。

ISO9000ファミリーの規格

ISO9000 (JIS Q 9000)	品質マネジメントシステム――基本及び用語 品質マネジメントシステムの基本を説明し、 用語を規定している
ISO9001 (JIS Q 9001)	品質マネジメントシステム――要求事項 品質マネジメントシステムに関する具体的な 要求事項を規定している
ISO9004 (JIS Q 9004)	品質マネジメントシステム――パフォーマンス改善の指針 品質マネジメントシステムの有効性及び効率 の双方を考慮した指針を示している

品質マネジメントの原則

①顧客の重視　②リーダーシップ　③人々の参画
④プロセスアプローチ（プロセスの明確化と管理）
⑤マネジメントのシステムアプローチ　⑥継続的改善
⑦意思決定への事実に基づくアプローチ
⑧供給者との互恵関係

品質マネジメントのアプローチ

①顧客および利害関係者のニーズと期待の明確化
②品質方針と品質目標の設定
③品質目標達成に必要なプロセスと責任の明確化
④品質目標達成に必要な資源の明確化と提供
⑤プロセスの有効性と効率を測定するための方法の設定
⑥プロセスの有効性と効率を判定するための指標の適用
⑦不適合の予防とその原因を除去するための手段の決定
⑧継続的改善のためのプロセスの確率と適用

品質マネジメントシステムが実現すべき要求事項を規定した規格がISO9001（JIS Q9001）です。この規格はマネジメントのしくみに関する規格であって、個々の製品やサービスの品質を保証するものではありません。

　ISO9001の認証を取得するには、会社の品質マネジメントシステムを、正式な機関に審査してもらう必要があります。

　審査を受ける会社は、当然のことながら、ISO9001で規定されている要求事項を実施していなければいけません。要求されている活動を行わずに、自己流の品質保証活動をしていたのでは、認証取得はできないということです。

　このことは、企業独自の品質マネジメントシステムを構築してはいけないという意味ではありません。規格に合致した活動を実施したうえで、さらに独自のシステムを開発するようでなければ、競合他社に優る高度な品質を提供することはできません。

　ISO9001では、品質マネジメントシステムに関する要求事項をいくつかの項目に分けて規定していて、項目ごとに具体的な要求内容で構成されています。ここで規定されている要求事項は、顧客と利害関係者の満足と信頼感を確保することを目指したものになっています。

　要求事項に共通して見られる特徴としては、品質に関係する活動の「手順化・文書化・記録化」することを要求していることです。

ISO9001の要求事項

①**品質マネジメントシステム**
  一般的な事項、文書化に関する事項
②**経営者の責任**
  コミットメント、顧客重視、品質方針、計画、責任・権限及び
  コミュニケーション、マネジメントレビュー
③**資源の運用管理**
  資源の提供、人的資源、インフラストラクチャー、作業環境
④**製品実現**
  製品実現の計画、顧客関連のプロセス、設計・開発、購買、製
  造及びサービス提供、監視機器及び測定機器の管理
⑤**測定・分析及び改善**
  一般、監視及び測定、不適合製品の管理、データの分析、改善

品質マネジメントシステムのモデル

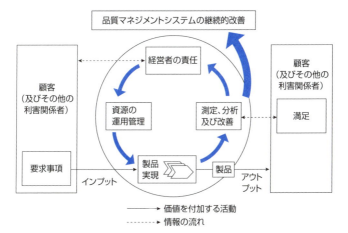

(注) JIS Q9000、9001の「プロセスを基礎とした品質マネジメントシステムの
  モデル」より引用

26 品質工学
タグチメソッドによる品質の改善

> 田口玄一氏によって提唱された、機能性と安定性を重視した品質改善のための方法論を体系的に整理した学問が品質工学です。品質工学は、「タグチメソッド」と呼ばれることもあります。

　品質工学は管理不可能な要因による影響を受けにくい製品を作ることを目的としています。自動販売機を例にとると、この機械は購入者がお札を入れると、製品を出すという機能（はたらき）を持っています。お札にしわや汚れがあると、自動販売機から製品が出てこないということでは、その機械は使いものになりません。購入者には新札を使う人もいれば、しわだらけのお札を使う人もいるからです。お札の状態というのは管理不可能です。したがって、自動販売機のような製品の場合には、どのような状態のお札が入ってきても、安定して機能するものを開発する必要があります。

　品質工学で用いられる主要な方法は、パラメータ設計と許容差設計です。パラメータ設計とは、品質に影響を与える誤差（ノイズ）に強い安定した設計を行うための方法です。製品の品質が環境条件や使用条件に左右されないようにすることを目標としたアプローチです。一方、許容差設計とは、品質とコストのトレードオフを考えながら設計する方法です。一般に安定した機能を確保しようとすると、製造コストが上がります。そこで、機能が確保できないことによる損失とコストをはかりにかけながら設計をするのが許容差設計です。なお、品質工学ではSN比と呼ばれる尺度による解析が行われます。

品質工学とSN比

A1、A2、A3、A4の4つの部品を使って、特性値（大きいほど望ましいとする）の変化を調べる実験をしたところ、以下のような結果になったとします。

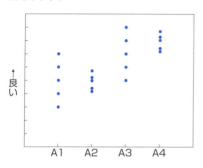

A4は平均値が大きく、かつ、ばらつきも小さいことがわかります。このように平均値とばらつきの両方に着目した評価をするのが品質工学の特徴です。このために、品質工学ではSN（エスエヌ）比という尺度を使います。

SN比 ＝ シグナル（信号）／ノイズ（誤差）

SN比のSはシグナル（信号）であり、Nはノイズ（誤差）です。ばらつきが大きいということは、ノイズが大きいということになり、SN比は小さく（悪く）なります。SN比の大きな条件を見つけることがパラメータ設計の目的でもあります。

品質工学と許容差設計

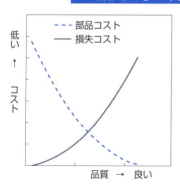

品質工学では、品質を損失コストでとらえています。品質が良いということは、損失コストが低いことを意味しています。一方、品質を良くしようとすると、部品コストなどは高くなります。品質とコストのトレードオフで最適な条件を見つけようとする設計方法が許容差設計です。

27 シックスシグマ活動
プロセスのばらつきを減らす品質の改善活動

製造や仕事のプロセスで生じるばらつきを小さくすることで、品質を改善していこうとする組織的な活動です。アメリカで生まれた活動体系で、多くの点は日本のTQM活動と共通しています。

　シックスシグマのシグマ（σ）は、ばらつきの大きさを表す標準偏差のことです。平均値から 6 σ離れたデータが生じる確率は極めて小さく、不具合の発生率をこの確率と同等なものとしようという目標を掲げて、品質の改善活動を展開するのがシックスシグマ活動です。具体的には、不具合の発生率を100万分の 3 以下にすることを目指す活動です。

　シックスシグマ活動は製品の品質だけでなく、仕事の品質も対象にしています。したがって、注文書の記入ミス率なども目標として挙げられます。注文書を100万枚発行した場合、その中の記入ミスは 3 枚以下にしようという改善活動を展開します。

　シックスシグマ活動の目的は、あらゆる品質の改善ですから、日本におけるTQM活動と同じです。また、データを収集して、統計的に解析するという活動を採り入れていますので、TQM活動で推奨しているQC七つ道具や統計的方法が活用されます。なお、シックスシグマ活動は、改善のための組織を構成して、プロジェクト方式で、問題解決活動に取り組みます。この点が日常の組織の中で改善活動を展開していくTQM活動と異なります。

　ところで、100万分の 3 という確率は、厳密には平均値から6σ離れたデータが生じる確率ではなく、4.5σ離れたデータが生じる確率に相当しています。

シックスシグマ活動の組織体系

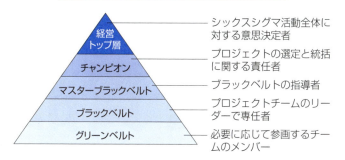

経営トップ層	シックスシグマ活動全体に対する意思決定者
チャンピオン	プロジェクトの選定と統括に関する責任者
マスターブラックベルト	ブラックベルトの指導者
ブラックベルト	プロジェクトチームのリーダーで専任者
グリーンベルト	必要に応じて参画するチームのメンバー

シックスシグマ活動の改善プロセス

シックスシグマ活動では「DMAIC」(ディーマイク)と呼ばれる
5つのステップからなる問題解決の進め方を実践します。
- ①D (Define:定義) :課題の設定
- ②M (Measure:測定):現状把握のためのデータ収集
- ③A (Analyze:分析) :データの解析による要因の特定
- ④I (Improve:改善) :対策案の試行と決定
- ⑤C (Control:管理) :対策案の定着化

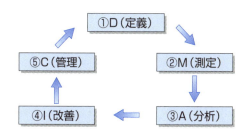

Coffee Break

5W1H・5ゲン主義

5W1Hとは、次の6つの言葉を指します。

①What 「なにを」
②When 「いつ・いつまでに」
③Who 「だれが・だれと」
④Where 「どこで」
⑤Why 「なぜ」
⑥How 「どのように」

企業の中で行動するとき、あるいは、計画を立てるときには、この6つの要素を明確にすることが大切です。

5ゲン主義とは、次の5つの言葉を指します。

①現場
②現物
③現実
④原理
⑤原則

品質管理活動では「現場・現物・現実」をよく観察することが、重視されています。これは「三現主義」と呼ばれています。これに「原理・原則」を加えたものが、5ゲン主義です。三現主義で製品や行程、人の動きなどを観察しても、問題の存在に気づかなくては意味がありません。こうなっているはずだ、こうあるべきだという原理・原則に照らし合わせてものごとを観察すると、問題を発見しやすくなります。

改善の進め方

28 改善活動
現状と目標のギャップを埋める活動

仕事の中で発生した問題を、効率的に解決する能力、あるいは問題が発生する前に対応策を施して、問題を回避する能力が企業では要求されます。こうした問題を解決する能力の育成も、QC活動のねらいの1つです。

改善活動は問題解決活動とも呼ばれます。ここでの「問題」とは、一般につぎのように定義されています。

　問題とは、目標と現状の差である

この定義を利用すると、問題を解決するというのは、目標と現状の差をなくすことになります。ここで、目標を「あるべき姿」、現状を「いまの姿」と言い換えることもできます。目標には、上司から与えられるものと、自分で設定するものがあります。

問題解決活動は、問題を明確にすることから始まります。これは、当たり前のことのようですが、問題を明らかにせずに、問題の解決に取り組んでいるケースがかなり見られます。

問題を明確にするということは、上記の定義からもわかるように、目標と現状を明確にすることです。たとえば、「不適合品率を下げよう」というだけでは、どれだけ下げるのか、いまの不適合品率はどの程度なのかが不明確です。目標と現状の一方、あるいは、両方が不明確である状態では、問題が明確になっているとはいえません。

問題には、現状が目標（基準）から逸脱していて、すでに好ましくない状態にある「発生型」の問題と、目標を高く設定して、現状との差を作り出す「設定型」の問題があります。

問題とは

目標　あるべき姿

ギャップ ＝ 問　題

現状　いまの姿

発生型問題と設定型問題

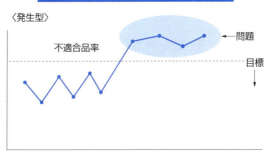

〈発生型〉

不適合品率

問題

目標

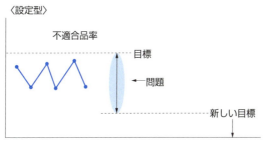

〈設定型〉

不適合品率

目標

問題

新しい目標

> 問題解決活動を効率的に進めるには、問題の性格を把握し、その性格にあった解決活動を展開する必要があります。問題は、さまざまな着眼点から、いくつかのタイプに分けることができます。

　解決すべき問題がどのような特徴を持っているのか分析するには、現状と目標に着目します。

　現状に着目するときには、まず、問題にしている結果の時間的変化を把握します。結果が、①良いときと悪いときがある、②いつも悪い、③時間の経過とともに悪くなっている、のどのパターンなのかを把握します。

　つぎに、ある時点における結果のばらつきを把握します。①ばらつきが大きい、②ばらつきは小さいが、ねらいが目標とずれている、③ばらつきとねらいの双方に問題がある、のどのパターンなのかを把握します。

　目標に着目するときには、目標の方向で問題の性格を把握します。目標には、不適合品率のように「低ければ低いほどよい」目標と、売上高のように「高ければ高いほどよい」目標があります。さらに、低いほどよい目標は、事故の件数のように、最終的には「ゼロにしたい」目標と、作業時間のように「ゼロにはなりえない」目標に分けることができます。自分が設定した目標が、これらのどのパターンなのかを把握します（この分類は狩野紀昭氏による）。

　なお、問題を、悪さの発生を防ぐケースと、より高いレベルの良さを追求するケースに分類する考え方もあります。

問題の種類(1)：時間的な変化による分類

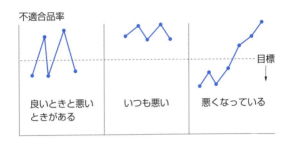

不適合品率

目標

良いときと悪い
ときがある

いつも悪い

悪くなっている

問題の種類(2)：ばらつきのパターンによる分類

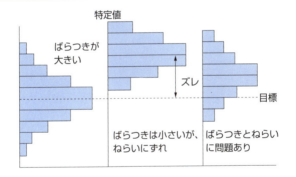

特定値

ばらつきが
大きい

ズレ

目標

ばらつきは小さいが、
ねらいにずれ

ばらつきとねらい
に問題あり

問題の種類(3)：目標の方向による分類

| ゼロ問題 | 目標値は小さければ小さいほどよい（理想は0）
（例）事故の件数、製品の不適合品率 |

| 低減問題 | 目標値は小さければ小さいほどよい（0はあり得ない）
（例）作業時間、製品の原価 |

| 増加問題 | 目標値は大きければ大きいほどよい
（例）売上高、利益高 |

30

問題解決のステップ

問題解決のための定石

> 問題を解決しようとする際、直感で解決策を考え、実行しようとする人がいます。直感は大切ですが、他の問題に直面したときにも、その直感が当たるとは限りません。問題解決の進め方には定石があります。

　問題解決活動には、大きな3つの局面があります。

　①問題を明確にする局面　最初に、解決すべき問題を明確にする必要があります。問題を明確にするとは、目標と現状を明確にし、そのギャップを把握することです。

　この局面は、「何が起きているのか」という問いに対する答えを見つけます。

　②原因を発見する局面　問題が明確になったならば、その問題を引き起こしている原因を追及します。原因分析、あるいは要因解析と呼ばれています。

　この局面では、「なぜ起きているのか」という問いに対する答えを見つけます。

　③解決策を発想する局面　問題を解決するための具体的な手段を追求します。悪さの原因を除去・回避するには、何をしなければいけないのかを考え、その案を実行に移します。

　この局面では、「何をすべきか」という問いに対する答えを見つけます。

　問題のレベルには、問題がはっきりしない、原因がわからない、解決策がわからない、という3つのレベルがあります。取り上げた問題がどのレベルかで、上記①〜③のどこに力をいれるかが決まります。

問題解決の3ステップ

ステップ1

問題の把握〈何が起きているのか？〉

　　　解決しようとしている問題を明確にすることが、このステップの目標です。

　　（例）強度不足による製品Aの折れ不適合が多い
　　　　　→折れ不適合品率は20％

ステップ2

原因の追及〈なぜ起きているのか？〉

　　　問題を引き起こしている原因を明確にすることが、このステップの目標です。

　　（例）強度不足の原因は何か
　　　　　→硬化剤の量が不足している

ステップ3

解決策の立案〈どうすればよいのか？〉

　　　原因を除去する方法を考えるのが、このステップの目標です。

　　（例）硬化剤の量の不足
　　　　　→硬化剤の量を増加する

問題解決に必要な能力

①観察力　←　問題を把握するときに発揮する力
②分析力　←　原因を追及するときに発揮する力
③創造力　←　解決策を考えるときに発揮する力

31 QC的問題解決法
QC的な考え方で問題を解決する方法

> 効率的な問題解決法が、いろいろな分野で提案されていますが、QC活動における問題解決活動では、QC的な見方・考え方で問題を解決していく「QC的問題解決法」が重視されます。

　QC的問題解決法は、方法と思想に特徴があります。

　方法面での特徴は、問題を効率的、科学的に解決していくところにあります。

　問題を効率的に解決するために、QCストーリー（→76ページ）と呼ばれる手順に沿って問題解決活動を進めます。

　問題を科学的に解決するために、「事実に基づく分析」、つまり、データの収集と分析を重視します。収集したデータは、QC七つ道具や統計的方法といった技法で分析します。

　思想面での特徴としては、重点指向、ばらつきの重視、プロセスの重視があります。

　解決したときに効果の大きなものから優先して手をつけていこうという考え方が、重点指向です。

　不適合品率の低い工場と高い工場、売り上げの高い店と低い店といったように、同じ結果が得られるはずなのに、結果が異なっている状況に着目し、問題の原因を探求しようとする考え方が、ばらつきの重視です。

　悪い製品が作られるのは、悪い作り方をしているからです。問題を解決するには、問題を生み出しているプロセス（方法、工程）を改善しなければいけないという考え方が、プロセスの重視です。

QC的問題解決法の特色

QC的問題解決法は方法面と思想面で、つぎのような特色が
あります。

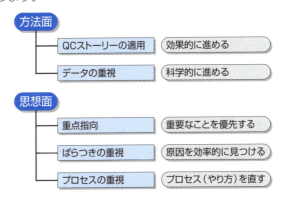

QC的問題解決法を実践するための技法

QC的問題解決法を実践するには、つぎのような技法が必要
になります。

QC的問題解決法の効果

QC的問題解決法の実践は、つぎのような効果をもたらしま
す。

1　問題解決のスピードアップ

2　問題の再発防止

QCストーリー
QC的問題解決のための手順

> 問題解決の基本プロセスは、問題の設定、原因の分析、対策の立案です。これらをさらに細かく分けて手順化したものが「QCストーリー」です。この手順は、QCサークル活動の改善手順としても使われます。

　右に示した8つのステップがQCストーリーの具体的な手順です。企業によっては、このステップを若干変更して利用しています。たとえば、現状の把握と目標の設定を1つのステップにまとめて、「現状の把握と目標の設定」としたり、テーマの選定のあとに「活動の計画」を追加したりしています。しかし、これらも本質は変わりません。

　QCストーリーでは、各ステップのうち、特に現状の把握と要因の解析に力点を置きます。要因の解析というのは、問題を引き起こしている原因を追及することです。

　QCストーリーは、好ましくない結果（不適合品、事故など）がすでに発生してしまったケースの問題に適用すると効果的です。悪さの発生状態を現状の把握で明らかにし、悪さを発生させている原因を、要因の解析で追及します。このように結果から原因を追及していくアプローチを解析的アプローチと呼び、このアプローチに適した問題を原因指向型問題と呼んでいます。

　なお、QCストーリーは、問題解決の手順として利用されるだけでなく、改善活動を報告するための手順としても利用されます。8つのステップを目次として、活動のプロセスを整理すると、わかりやすい発表や報告をすることができます。

QCストーリーの手順

手順1 テーマの選定

問題点を把握して、改善に取り組むテーマを決めます。

手順2 現状の把握

テーマに関する現在の状態を把握します。

手順3 目標の設定

現状をどこまで良くするか、改善目標を決めます。

手順4 要因の解析

問題（悪さ）を引き起こしている原因を追及します。

手順5 対策の立案と実施

原因に対する対策案を考え、実行します。

手順6 効果の確認

対策の効果を確認します。

手順7 歯止めと定着

効果のあった対策案を標準化し、再発を防止すると同時に、定着を図ります。

手順8 反省と今後の計画立案

未解決の問題を整理し、今後の計画を立てます。

33 テーマの選定
特に困っていることは何か

> テーマは、上司から与えられるケースと、自分で選ぶケースがあります。自分で選ぶ場合には、担当している業務の中で、特に困っていること、あるいは抱えている課題の中から選定します。

　テーマは、品質に関するもの、コストに関するもの、納期や生産量に関するもの、設備に関するもの、売り上げに関するものなど、いろいろ考えられます。自分の業務との関係で選ぶことになります。

　テーマの表現は、悪さを減らす方向のものなのか、良さを伸ばそうとするものなのかがわかるようにします。

　たとえば、「熱処理工程の不適合品率を低減する」とか、「商品Aの売り上げを拡大する」といったように、何をどうしようとしているのかがわかるように表現します。

　テーマの選定にあたっては、最初に、「テーマ候補」を複数挙げます。困っていること、心配していること、次工程に迷惑をかけていることを列挙します。

　つぎに、複数のテーマ候補を「効果の大きさ」「緊急性」「実現性」などの観点から評価します。この評価結果を総合的に判断して、取り組むテーマを決めます。

　なお、QCサークル活動では、できるだけグループのメンバーに共通するテーマを選定するようにします。

　テーマ決定までのプロセスを整理し、記録として残しておくと、別のテーマを決めるときや、「テーマの選定理由」を第三者に説明するときに役立ちます。

テーマ選定の手順

手順1 テーマ候補の決定

業務上の心配事、関心事、次工程への迷惑事などを整理し、取り組むテーマの候補を決めます。

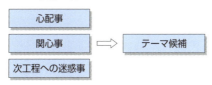

手順2 テーマ候補の評価

テーマ候補を、つぎのような表を使って評価します。
評価は、○、△、×といった3段階程度の簡単な評価で十分です。

（○＝大、△＝中、×＝小）

テーマ名	効果の大きさ	緊急性	実現性	総合
設計ミスの低減	△	×	△	×
技術資料の整理	○	×	○	○
焼成不良の低減	○	△	○	△
検査時間の短縮	○	×	○	○

総合の評価が○のテーマを絞り込みます。

手順3 テーマ決定

取り組むテーマを、評価したテーマの中から、1つ選びます。

> テーマの選定のつぎには、テーマに関する現状を把握します。具体的に、どのように悪いのかを把握していきます。現状の把握によって明確になった情報は、のちほど行う要因の解析でも利用します。

　現状の把握によって明らかにしなければいけないことは、ばらつきの有無です。問題としている悪さの発生状況にばらつきがあるのかどうか、あるならば、どのようにばらついているのかを把握します。ばらつきの把握とは、たとえば、不適合という悪さが発生している場合、いつも不適合品率が高いのか、高いときと低いときがあるのか、どの工程でも不適合品率が高いのか、高い工程と低い工程があるのかといったことを把握することです。

　ばらつきの有無を把握する際のポイントは、

　①時系列で（時間順に）変化を見る

　②層別して違いを見る

ことです。

　時系列で見ることによって、良いときと悪いときがあるのか、いつも悪いのか、あるいは、急に悪くなってきたのかなど、くせを把握することができます。

　また、工程別、方法別、原料別、人別、症状別など、いろいろな観点で層別（→22ページ）して、現状を把握することで、悪さが発生するケースと発生しないケースがあるのかどうかを発見することができます。層別はQC活動のあらゆる場面で重要視されている考え方です。

現状把握の手順

手順1 | 悪さ加減の把握 |

取り上げたテーマに関して、どのような悪さがあるのかを明確にします。たとえば、ある包装紙のはがれ不適合を低減させるというテーマを選んだならば、現在、はがれ不適合はどの程度発生しているのかを明確にします。

(はがれ不適合品率　5%(不適合品数　1日平均　200袋))

手順2 | 時間的変化の把握 |

折れ線グラフなどを利用し、悪さ加減がどのように、時間的に変化しているのかを把握します。

はがれ不適合品率

手順3 | 層別 |

問題にしている悪さを、たとえば、現象別（症状別）、場所別、機械別、原料別、担当別など、さまざまな観点で層別し、違いを把握します。

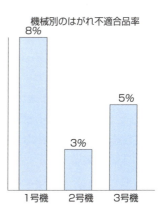

機械別のはがれ不適合品率

35 目標の設定
到達レベルを設定

> テーマが完了したかどうかは、設定した目標に到達できたかどうかで判断します。したがって、目標はできるだけ数値で示すようにします。数値で目標を示せないテーマでは、あるべき姿を定性的に示すことになります。

　目標を設定するというのは、①目標項目、②達成基準、③達成期限の3点を明確にすることです。

　言い換えると、「何を、どこまで、いつまでに」達成するかを表現した目標を立てることが重要です。目標項目で「何を」を明確にし、達成基準で「どこまで」、達成期限で「いつまでに」を明確にします。

　達成基準は、数値で示すことが望まれます。数値で示された目標の達成基準を、目標値といいます。目標値は、現在の水準を示した現状値と併記するほうがわかりやすくてよいでしょう。単位も現状値と目標値は、同じものにします。たとえば次のように設定します。

（例）目標項目：キズ不適合品率

　　　達成基準：目標値＝0.5％　　　（現状値＝1.2％）

　　　達成期限：2016年8月末日

　なお、達成基準を数値で示すことが難しいテーマもあります。たとえば、「品質保証体制の整備」といったようなテーマです。このような場合は、整備された状態を言語で表現します。また、整備できると何が良くなるのかと考えて、たとえば、クレームが減るのであれば、クレーム件数を目標値の1つに設定します。

目標値の考え方

目標値は、単なる願望ではなく、可能性と必要性を考えて決めるべきです。

目標値の目安

数値が小さいほどよいような場合は、現状の2分の1〜3分の1をねらい、大きいほどよいような場合は、1.5倍〜2倍あたりを目標値の目安にするとよいでしょう。

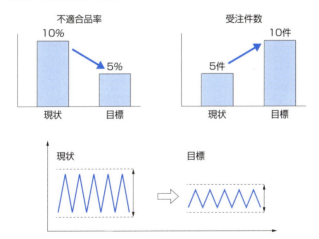

（注）人身事故のような、人命にかかわるテーマの場合には、常にゼロを目標値に置くべきです。

要因の解析

問題の原因を追及すること

> 要因の解析とは、問題の原因を追及し、本当の原因を特定することです。QCストーリーの中で、最も重要視されるステップです。原因を正確に特定して早期に対策を打つことが、問題の再発防止に欠かせません。

要因の解析は、つぎの3つのステップで構成されます。

①原因候補の洗い出し

②原因候補の絞り込み

③真の原因の確認

原因を追及するには、まず、考えられる原因をリストアップします。これが原因候補の洗い出しです。「考えられる」原因ですから、リストアップされた原因は、あくまでも頭の中で考えた仮説にすぎません。

つぎに、リストアップされた複数の原因候補の中から、本当の原因である可能性が高いものをいくつか選択します。これが原因候補の絞り込みです。この段階では、原因の可能性が高いというだけですから、本当に原因かどうかはわかりません。

最後に、絞り込まれた原因候補が、本当に原因であるかどうかを、実験や調査を行って確認します。これが真の原因の確認です。実験では、悪い結果の再現も試みるようにします。たとえば、悪い結果を生み出す原因候補として、温度の上昇が考えられるならば、わざと温度を上昇させて、悪い結果が発生するかどうかを見ておきます。実験や調査が不可能なときには、記録されている過去のデータを利用します。

要因解析の手順

手順1　原因候補の洗い出し　⇐　仮説の発想

考えられる原因、すなわち、原因の候補を列挙します。

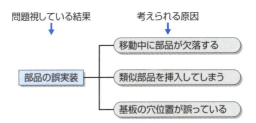

このステップでは、QC七つ道具の特性要因図、新QC七つ道具の連関図、要因系統図などの図法が有効です。

手順2　原因候補の絞り込み　⇐　仮説の設定

抽出した原因候補の中から、真の原因である可能性の高いものを絞り込みます。

手順3　真の原因の確認　⇐　仮説の検証

絞り込まれた原因候補が、本当に問題の原因になっているか否かを、データを収集して、確認します。

37 対策の立案と実施
対策案を抽出して実行

対策には、「応急処置」と「恒久処置」があります。不適合となった製品を修正して、良品にするのが応急処置です。一方、不適合の発生原因を除去し、再発防止をねらいとした対策をとるのが恒久処置です。

対策の立案で考える「対策」とは、応急処置のことではなく、恒久処置のことです。恒久処置をとるには、要因の解析で明らかになった原因に対して、対策をとることが必要になります。

原因に対する対策は、①原因を除去する対策と②原因の影響を遮断する対策の2つに大きく分けることができます。

原因そのものを除去することができれば、問題は発生しなくなります。しかし、それが可能な場合と不可能な場合があります。たとえば、ある製品が湿気を含むのは、雨が原因だというような場合には、雨が降らないようにする対策は不可能です。このようなときには、原因はそのままにしておいて、それが悪さの発生につながらないような対策を考えます。

対策を練るときは、まず複数の案を出します。それらの対策案を、効果の大きさ、費用、実現性、安全性、副作用などで評価し、実行に移す対策を決定します。

対策の実行にあたっては、だれが、いつ実施するのかを明確にした実行計画を立てます。この際、対策の予想効果を明確に把握しておくことが大切です。なお、一度に多数の対策を実施すると、効果があったときに、どの対策が効いたのかわからないという問題が起こることがあります。

対策の種類

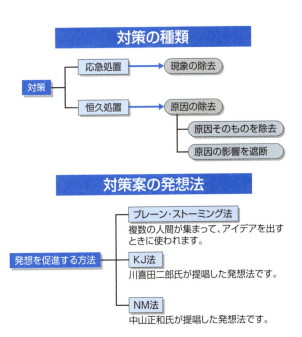

```
対策 ─┬─ 応急処置 ───→ 現象の除去
      │
      └─ 恒久処置 ───→ 原因の除去
                         ├─ 原因そのものを除去
                         └─ 原因の影響を遮断
```

対策案の発想法

```
発想を促進する方法 ─┬─ ブレーン・ストーミング法
                    │   複数の人間が集まって、アイデアを出す
                    │   ときに使われます。
                    │
                    ├─ KJ法
                    │   川喜田二郎氏が提唱した発想法です。
                    │
                    └─ NM法
                        中山正和氏が提唱した発想法です。
```

対策の進捗管理

　対策案を実施するには、実行計画を立てて、その計画通りに対策が進むように進捗管理を行う必要があります。このときに有効な手法として、ガントチャート（バーチャート）があります。

（ガントチャートの例）

	担当者	4/1	4/2	4/3	4/4	4/5	4/6	4/7
対策案1	A	███	███					
対策案2	B			███	███			
対策案3	C					███		
対策案4	D						███	███

38 効果の確認
対策の効果を把握

> 対策を実施した場合、その効果を確認します。効果の有無は、最終的には、目標を達成できたかどうかで判断します。また、実施した対策が、別の問題を引き起こしていないこと（副作用）の確認も行います。

対策の効果は、つぎのような観点で把握します。

①目標の達成基準に到達したか

②現在の状態より改善されたか

③対策のねらいは達成できたか

④副作用は発生していないか

⑤効果を金額で示すといくらになるか

⑥当初は考えなかった別の効果は生じていないか

対策の効果は、具体的な数値として把握し、グラフや表などを使って視覚的に表現します。また、対策後だけ表示するのではなく、対策前と対策後を比較できるように、対策の前後を表示するようにします。さらに、目標値も併せて表示します。

対策を打ったにもかかわらず、効果が見られない場合には、その理由を考えます。

①目標が高すぎたのか

②真の原因と思っていたものが見当はずれであったのか

③対策が間違っていたのか

④効果が現れるのに時間がかかるのか

効果が現れなかった理由が、①〜④のどのケースなのかを考えずに、対策だけをやり直してもうまくいきません。

対策と効果の関係

対策と効果の関係は、つぎのような4つのケースに整理することができます。

		効果	
		あり	なし
対策	実施	①	②
	未実施	③	④

①のケース ➡ 対策の効果あり ➡ 対策案の標準化
②のケース ➡ 対策の効果なし ➡ 対策の見直し
③のケース ━━━━━━━━━━━━➤ 効果ありの原因究明
④のケース ━━━━━━━━━━━━➤ 対策の実施

効果確認のグラフ

対策の効果は、現状の把握で用いたグラフを使い、対策前と対策後を並べて、効果の有無がわかるように表示します。

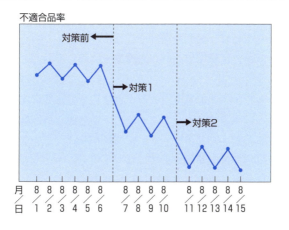

不適合品率

対策前 ←

→対策1

→対策2

| 月／日 | 8／1 | 8／2 | 8／3 | 8／4 | 8／5 | 8／6 | 8／7 | 8／8 | 8／9 | 8／10 | 8／11 | 8／12 | 8／13 | 8／14 | 8／15 |

39

標準化

対策案を標準として遵守

> 対策の効果が確認できたら、今後はその効果が永続するように維持管理をして、再発防止に努めなければなりません。維持管理のためには、効果のあった対策を標準として定め、遵守するようにすることが大切です。

　標準を設定して、活用する行為を「標準化」と呼びます。効果のあった対策や業務を標準化するためには、まず、だれが（Who）、いつ（When）、どこで（Where）、なにを（What）、なんのために（Why）、どういう方法で（How）行うのかの5W1Hを明確にします。

　つぎに、これを標準として定め、文書化します。それが「標準書」です。標準書には、単なる手順だけでなく、こうすれば良い結果が得られるという、ポイントも記載します。標準書ができあがると、標準通りの作業を実施するための準備をします。準備とは、標準の遂行に必要な知識や技能を身につけるために、教育や訓練を行うことです。この準備が終われば、あとは標準に基づいた作業を実施していくことになります。

　ところで、いつでも、だれもが標準通りの作業を実施してくれるとは限りません。したがって、標準通りに作業が行われているかどうかをチェックし、標準が守られていなければ是正していく管理体制が必要になります。このような管理を維持管理、あるいは日常管理といいます。

　標準は、必要に応じて、あるいは、定期的に見直しをする必要があります。

標準書の要件

作業標準書は「このようにやれば、うまくいく」という作業方法を、だれにでもわかるように記載したもので、つぎのような項目を記載しておく必要があります。

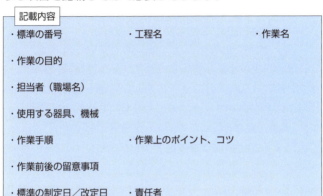

記載内容

・標準の番号　　　　　　・工程名　　　　　　　　・作業名

・作業の目的

・担当者（職場名）

・使用する器具、機械

・作業手順　　　　　　・作業上のポイント、コツ

・作業前後の留意事項

・標準の制定日／改定日　・責任者

維持管理による再発防止

悪さを再発させないためには、改善効果を継続させるための管理が必要です。

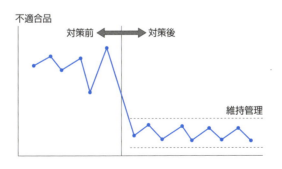

不適合品

対策前　←→　対策後

維持管理

40

課題達成型QCストーリー
課題達成の進め方

> 悪い結果が発生しているのではなく、より高いレベルの目標を達成したいというようなテーマや、対策案の探索が問題解決のカギをにぎるようなテーマには、課題達成型QCストーリーが有効です。

　目標から手段を追求するようなアプローチを設計的アプローチと呼び、このアプローチに適した問題を目標指向型問題と呼ぶことがあります。このような問題を解決する手順として、「課題達成型QCストーリー」が利用できます。

　右に示したステップが課題達成型QCストーリーの一般的な手順です。

　課題達成型QCストーリーが、通常のQCストーリーと大きく異なる点は、「要因の解析」というステップが存在しないことです。これは、原因指向型の問題を対象にしていないからです。課題達成型QCストーリーでは、方策の立案と最適策の追求に重点を置きます。方策とは、目標を達成するための手段です。

　課題達成型QCストーリーは、つぎのようなテーマに適用してみるとよいでしょう。

①現状のレベルを大幅に向上させる革新的なテーマ
②魅力的な品質を創造するテーマ
③初めて取り組む仕事に関するテーマ
④予測される問題に事前に対処しようとするテーマ
⑤繰り返しがない（少ない）仕事に関するテーマ
⑥原因はわかっていても対策が見つかっていないテーマ

課題達成型QCストーリー

手順1 テーマの選定

手順2 攻め所と目標の設定

①要望レベル・あるべき姿の明確化　　②現状の把握
③ギャップの明確化　　　　　　　　　④攻め所の決定
⑤目標の設定

手順3 方策の立案

アイデアの発想：目標を達成する方策案を考える

手順4 成功シナリオの追求

①方策案の評価（効果と可能性）
②方策案の選択（実施する方策の決定）

手順5 成功シナリオの実施

①実施計画の策定　　②実施計画の実現

手順6 効果の確認

手順7 歯止めと定着

手順8 反省と今後の課題

Coffee Break QCDPSMEの管理

　品質管理の現場では、次の7つの項目を重点的に管理しています。

① Q　「Quality」　　　　=「品質」
② C　「Cost」　　　　　=「原価」
③ D　「Delivery」　　　=「量・納期」
④ P　「Productivity」　　=「生産性」
⑤ S　「Safety」　　　　=「安全」
⑥ M　「Morale／Moral」　=「士気／倫理」
⑦ E　「Environment」　　=「環境」

　QCDは経営の三大要素とも呼ばれていて、品質管理活動の中でも機能別管理の中核をなしているものです。その他の要素について、管理すべき項目の例を以下にあげます。

P（生産性）：1日あるいは1時間当たりの生産数量や生産金額
S（安全）　：生産現場における事故の発生件数や無災害継続日数
M（士気）　：出勤率、提案件数
E（環境）　：汚染物質排出量、環境関連法律の遵守度

　ちなみに、Eに教育（Education）を含める場合もあります。企業では人材育成という観点から、さまざまな教育が実施されていますから、教育も管理の対象とするのは当然のことです。教育については、実施率や受講率などが管理すべき項目としてあげられます。

　以上のように、管理すべき項目を明確にすることは、管理のサイクルであるPDCAを回すうえで必須の作業となります。

第 IV 章

品質管理の手法

QC七つ道具と新QC七つ道具
品質管理活動の必須ツール

QC活動では、データを収集し、そこから得られる情報に基づいて対処するということが頻繁に行われます。データからさまざまな情報を読みとるために使われる基本的な道具が、「QC七つ道具」と「新QC七つ道具」です。

QC七つ道具とは、パレート図、チェックシート、ヒストグラム、散布図、管理図、グラフ、特性要因図の7つの手法を指します。これらの手法は、主として、数値で示すことができるデータ（数値データ）を分析するための道具です。

新QC七つ道具とは、連関図、系統図、マトリックス図、PDPC、アローダイアグラム、親和図、マトリックス・データ解析法の7つの手法を指します。これらの手法は、主として、言語データを分析するための道具です。言語データとは、「豊かな生活とは、自分の好きなことができる生活のことだ」というように言葉で表現されるデータのことです。

これらの道具は、利用する場面も異なります。QC七つ道具は、PDCAサイクルの中ではチェックの段階でよく用いられ、品質改善を進めるうえで重要な論理的な思考や数値分析を伴うような作業に役立ちます。一方、新QC七つ道具は計画の段階でよく用いられ、問題解決を進める過程で何かを新たに見つけ出したり、異なる手法を発想する際に効果的な道具です。

これらの道具を効果的に活用するには、目的にあったデータを集める必要があります。また、データをさまざまな観点で層別してから活用することも有効なテクニックです。

QC七つ道具と新QC七つ道具

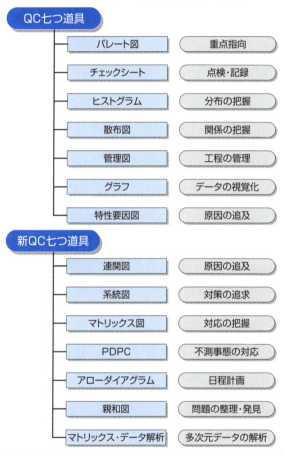

QC七つ道具

パレート図	重点指向
チェックシート	点検・記録
ヒストグラム	分布の把握
散布図	関係の把握
管理図	工程の管理
グラフ	データの視覚化
特性要因図	原因の追及

新QC七つ道具

連関図	原因の追及
系統図	対策の追求
マトリックス図	対応の把握
PDPC	不測事態の対応
アローダイアグラム	日程計画
親和図	問題の整理・発見
マトリックス・データ解析	多次元データの解析

注1）QC七つ道具の中に「グラフ」を含めず、代わりに「層別」を入れている文献もあります。

注2）QC七つ道具の中の「管理図」は「管理グラフ」と呼ばれるものとは異なります。

42 パレート図
どこが重点なのか探す

> 複数の問題が存在するときに、重要な問題から先に取り上げたり、多くの原因の中から、結果に対する影響度の高いものから対策を打っていくことを「重点指向」といいます。パレート図は、重点指向に役立つ道具です。

　パレート図は、イタリアの経済学者パレートによって考え出されたもので、この手法をアメリカの経営コンサルタントであるジュラン博士が、QCの分野に応用しました。棒グラフと折れ線グラフを組み合わせた複合グラフで、重要な問題を発見するのに役立ちます。

　たとえば、ある製品の不適合を減らすことを考える場合、最初に、不適合の内容を調べるのが定石です。いま、不適合項目として、キズ、曲がり、反り、形違いの４つの不適合があったとします。このとき、各不適合項目の数を集計し、数の大きい順に並べます。そして、横軸に不適合項目、左側の縦軸に不適合の数をとり、棒グラフで示します。すると、どんな不適合が多いのかを発見することができます。

　さらに、右側の縦軸に、各不適合項目が全不適合の何％を占めるかを表す比率（累積比率）をとって、折れ線グラフで示します。このようなグラフを描けば、どの不適合項目で重点的に対策をとるべきかが明確になります。

　パレート図には、好ましくない結果（不適合の数など）を表すデータを使うようにします。また、数量だけでなく、不適合による損失金額でも作成してみると、別の重要な問題が発見されることがあります。

パレート図の例

つぎのデータは、売り上げ伝票に関するミスの件数を、その内容別に集計したものです。

データ表

金額計算ミス	10件
金額記入ミス	100件
数量計算ミス	20件
品目記入ミス	40件
日付記入ミス	8件
その他	22件
合計	200件

このデータ表をもとに、パレート図を作成すると、つぎのようになります。

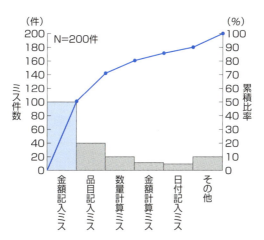

金額記入ミスが最も多く、全体の50%を占めていること、これに品目記入ミスを合わせると、全体の70%を占めていることがわかります。

43 チェックシート
データの収集や点検の道具

仕事を確実に進めるための作業に、点検があります。仕事に着手する前に、必要なものが準備できているかどうかといった確認行為です。この点検を見落としなく行うために役立つ道具がチェックシートです。

　チェックシートには、点検用と記録用の2つの使い方があります。

　点検用チェックシートは、点検すべき項目の抜け落ちを防止するのに役立ちます。たとえば、機械の点検作業を考えてみます。機械をいつも正常に作動させるには、定期点検や整備作業が不可欠です。このとき、どんな項目を点検し、どんな所を整備するかは、あらかじめ決まっているものです。ところが、点検するのは人間ですから、ある項目をうっかり点検し忘れてしまうということが生じます。こうしたうっかりミスを防止し、点検作業を確実に実施するためには、点検項目や整備項目を一覧表にし、点検済みのところにはチェックマークを入れるようなシートがあると役に立ちます。このような目的のために使われるシートが点検用チェックシートです。

　もう1つの記録用チェックシートは、問題の解決などで必要となるデータを収集するときに使います。収集したデータは、グラフや表にして分析しますので、あとでデータの整理や集計がしやすいように設計します。

　チェックシートには、決まった様式はありません。チェックシートはチェックリストとも呼ばれます。

チェックシートの例

つぎのチェックシートは、ある工場の設備の清掃作業で利用している、点検用チェックシートです。

清掃点検チェック表（装置名：プロセッサー）

清掃前：○ 汚れていない、△ やや汚れている、× すごく汚れている
清掃後：◎ 汚れていない、◬ やや汚れている、⊗ すごく汚れている

部位		センター部				光源部		現像装置					エッチング				
項目		カセットテーブル	カセット	カセット爪	STアーム	露光装置内外周部	露光装置下部	カップ内ノズルチェック	カップ内上、下	カップ上部、側面	カップ下部、側面	現像装置下部	カップ上部、側面	カップ内ノズルチェック	カップ内上、下	カップ下部、側面	エッチング装置下部
サイクル		週1(火)	週1(火)	週1(火)	週1(火)	週1(金)	週1(金)	毎日	週1(水)	毎日	毎日	週1(水)	週1(水)	毎日	毎日	週1(木)	週1(木)
日	曜																
1	水	／	／	／	／	／	／	◎	／	◎	◎	／	／	◎	◎	／	／
2	木	／	／	／	／	／	／	◎	／	◎	◎	／	／	◎	◎	／	／
3	金	／	／	／	／	／	／	◎	／	◎	◎	／	／	◎	◎	／	／
4	土	／	／	／	／	／	／	◎	／	◎	◎	／	／	◬	◎	／	／
5	日	／	／	／	／	／	／	◎	／	◎	◎	／	／	◎	◎	／	／
6	月	／	／	／	／	／	／	◎	／	◎	◎	／	／	◎	◎	／	／
7	火	◎	◎	◎	◎	／	／	◎	／	◎	◎	／	◬	◎	◎	／	／
8	水	／	／	／	／	／	／	◎	／	◎	◎	／	◬	◎	◎	◎	◎
9	木	／	／	／	／	◎	◎	◎	／	◎	◎	／	／	◎	◎	／	／
10	金	／	／	／	／	／	／	◎	／	◎	◎	／	／	◬	◎	／	／
11	土	／	／	／	／	／	／	◎	／	◎	◎	／	／	◎	◎	／	／
12	日	／	／	／	／	／	／	◎	／	◎	◎	／	／	◎	◎	／	／
13	月	／	／	／	／	／	／	◎	／	◎	◎	／	／	◎	◎	／	／
14	火	◎	◎	◎	◎	／	／	◎	⊗	◎	◎	／	◎	◎	◎	／	／
15	水	／	／	／	／	／	／	◬	／	◎	◎	／	／	◎	◎	◬	◎
16	木	／	／	／	／	／	／	◎	／	◎	◎	／	／	◬	◎	◎	／
17	金	／	／	／	／	◎	◎	◎	／	◎	◎	／	／	◎	◎	／	／
18	土	／	／	／	／	／	／	◎	／	◎	◎	／	／	◎	◎	／	／
19	日	／	／	／	／	／	／	◎	／	◎	◎	／	／	◎	◎	／	／
20	月	◎	◎	◎	◎	／	／	◎	／	◎	◎	／	／	◎	◎	／	／

ヒストグラム
データの分布状態を把握

品質の状態を調べるには、データを収集・整理して、ばらつきを読みとる必要があります。最も基本的な方法は、どんなデータが何個あったかという整理の仕方です。この結果を棒グラフで表示したのがヒストグラムです。

　品質が良いということは、その製品に決められている「規格」に製造した製品が合致しているということです。規格外の製品が多ければ、品質が悪いことになります。

　品質を調べるには、製品に関するデータを収集し、どんな値のデータが多いのか、どの程度の範囲でばらついているのか、といった分布状態を把握する必要があります。それには、度数分布表と呼ばれる集計表を作ります。度数分布表は、データの範囲を適当な区間に分割し、各区間に存在するデータの個数（度数、あるいは頻度という）を集計した表です。

　ヒストグラムは、この度数分布表の度数を縦軸にとり、横軸に区間をとった棒グラフです。ただしヒストグラムでは、棒と棒の間隔はあけないのが一般的です。

　ヒストグラムを視察するポイントは、①中心の位置、②ばらつき状態、③分布の形、④飛び離れた値の有無、⑤層別（グループ分け）の必要性、⑥規格値との比較、などです。

　ヒストグラムによって分布の形を検討するには、少なくともデータの数が50〜100は必要です。データの数が少ないときに、ヒストグラムの形を吟味しても意味がありません。なぜならば、棒の数（区間の間隔）を少し変えただけで、形がまったく変わってしまうからです。

ヒストグラムの例

つぎに示すデータは、ある製品50個の寸法を測定したものです。

データ表

56	53	43	52	38	53	55	43	41	56	54	61	49
53	54	67	35	56	42	66	54	50	30	52	63	42
47	39	66	47	45	56	41	54	48	37	36	53	43
54	31	47	44	62	44	58	40	54	54	51		

度数分布表

	区間			度数
1	29.5	～	34.5	2
2	34.5	～	39.5	5
3	39.5	～	44.5	10
4	44.5	～	49.5	6
5	49.5	～	54.5	15
6	54.5	～	59.5	6
7	59.5	～	64.5	3
8	64.5	～		3

49.5から54.5の間のデータが最も多く、39.5から54.5の間にデータが集中していることがわかります。この度数分布表をもとにヒストグラムを作ると、つぎのようになります。

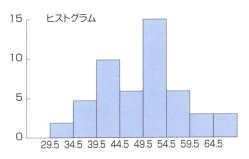

> 気温が上がると事故が増える、鉄板を厚くすると強度が高く
> なるといったように、2種類のデータの関係を把握するとき
> に役立つのが、散布図と呼ばれるグラフです。原因の確認に
> よく使われます。

　散布図は、2種類の測定結果を示すデータに基づき、2つ
の測定項目の関係を調べるときに使われるグラフです。たと
えば、製品中の不純物の量と製品の不適合品率の関係を調べ
る場合、不純物の量と不適合品率を示すデータを収集して、
散布図を作成します。この際、2種類のデータは、対応して
いる必要があります。

　いま、30人の身長と体重のデータを収集して、身長と体重
の関係を調べようとする場合、身長のデータをとった30人
と、体重のデータをとった30人が、違う人間では意味があり
ません。同一人物の身長と体重のデータを30人分とる必要が
あります。このように、人物という点で対応しているデータ
を、対応のあるデータと呼びます。

　対応のある2種類のデータの一方をx、もう一方をyとして
散布図を作成したとき、「xが増加するとyも増加する」とい
う傾向がある場合、xとyの間には正の相関関係があるといい
ます。逆に、「xが増加するとyは減少する」という場合、xと
yの間には負の相関関係があるといいます。

　散布図では、原因を示すデータを横軸に、結果を示すデー
タを縦軸にとるようにします。また、横軸と縦軸の長さは、
ほぼ同じにして、正方形の中で点が散布するようにします。

散布図の例

つぎのデータはある製品30個について、その製品の硬度と、製品に添加された硬化剤の量を調べたものです。

データ表

	1	2	3	4	5	6	7	8	9	10
硬化剤の量	18.2	17.0	22.8	19.8	17.8	18.2	21.0	19.4	18.4	21.6
硬　度	44.5	40.0	56.5	47.5	49.0	44.5	51.5	52.0	43.0	63.5

	11	12	13	14	15	16	17	18	19	20
	19.4	18.4	20.4	19.2	24.2	18.2	19.8	20.2	19.0	17.4
	51.5	47.0	51.5	49.5	58.0	50.0	52.5	50.0	44.5	38.0

	21	22	23	24	25	26	27	28	29	30
	22.0	19.6	20.2	22.4	18.6	14.8	13.8	22.8	16.2	21.4
	52.5	43.0	44.0	50.0	46.0	40.0	36.5	52.5	43.0	57.0

このデータを使って、散布図を作成すると、つぎのようになります。

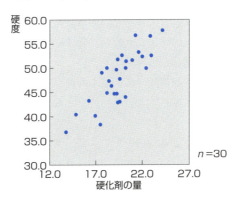

硬化剤の量と硬度の間には、正の相関関係があることがわかります。すなわち、硬化剤の量が増えると、硬度も大きくなる傾向にあるといえます。

> 管理図は、製造工程が安定した状態にあるかどうかを判断するためのグラフです。安定した状態とは、異常が発生していない状態です。管理図によって、工程の状態を示すデータが異常か正常かを判定することができます。

　製造工程の状態は、その工程から製造される製品の品質に表れます。したがって、製品の品質を示すデータ（品質特性値）を観察することで、製造工程の状態が把握できます。

　品質を示すデータはいつも同じ値になるとは限りません。たとえば、品質特性値が製品の寸法である場合、設計のねらいが5ミリであっても、作られる製品は6ミリだったり、3ミリだったりして、データはばらつくのが普通です。そこで、ばらつく原因を2つに分けます。1つは、避けられない偶然原因、もう1つは、見のがせない異常原因です。データのばらつきが、偶然原因によるものか、異常原因によるものかを判定するための道具が管理図です。

　管理図は、折れ線グラフに、2本の管理限界線と1本の中心線を記入して作成します。そして、2本の管理限界線に挟まれた領域のデータのばらつきは、偶然原因によるものと判定し、管理限界線の外に出たデータは、異常原因によるものと判定します。データが管理限界線の外に出たときは、工程で何かいつもと違うことが起きている可能性がありますので、その原因を追及し、処置をとる必要があります。管理限界線を超えるデータがなく、クセもなければ、その工程は安定していると考えられます。

管理図の形

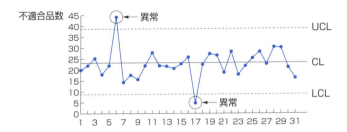

CLとは、中心線のことで、プロットするデータの平均値が使われます。
2本の管理限界線は、

中心線の上側に位置する線を**上方管理限界線**（UCLと略す）

中心線の下側に位置する線を**下方管理限界線**（LCLと略す）

と呼びます。

管理図の種類

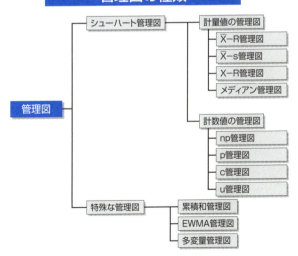

47 グラフ
データの特徴を視覚化

> データを分析するための最も基本的で、かつ最も重要な作業がデータのグラフ化です。グラフには、いろいろな種類があるので、同じデータで複数のグラフを作成すると、グラフごとに別の情報が得られることがあります。

　グラフには多くの種類があります。よく使われる代表的なグラフには、つぎのようなものがあります。

　①棒グラフ　　　　：数量を比較する
　②折れ線グラフ　　：動きを見る
　③円グラフ　　　　：比率を見る
　④帯グラフ　　　　：比率を比較する
　⑤レーダーチャート：バランスを見る

　なお、QC七つ道具のパレート図、ヒストグラム、散布図、管理図もグラフの一種です。

　データをグラフ化するのは、データを分析する場合か、プレゼンテーションでの道具として活用する場合が一般的です。

　データの分析で使うグラフは、データを「見る（視る）」ためのものですから、分析する人にとって見やすいものを作成します。

　プレゼンテーション（報告、説明）で使うグラフは、「見せる（魅せる）」ためのものですから、他人（視聴者）が見やすいものを作成する必要があります。タイトルや字の大きさなどにも気を配らなければいけません。

　現在では、パソコンのグラフ作成ソフトを利用することで、データを簡単にグラフ化することができます。

円グラフの例

不具合の構成比率

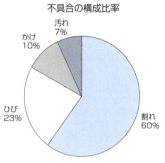

棒グラフの例

不具合の件数

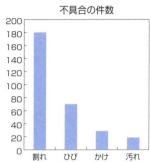

折れ線グラフの例

クレーム件数の推移

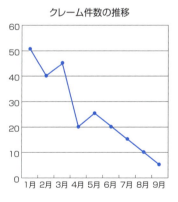

レーダーチャートの例

A社とB社の比較

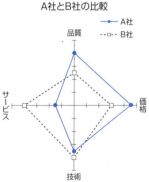

48 特性要因図
原因候補を整理

不具合が発生したとき、その原因として候補がいくつも想定できる場合、それらの原因候補が一覧できるように整理すると、原因の究明が効率よく進みます。原因候補を系統的に整理し、図で示すのが特性要因図です。

　まず、特性要因図の特性と要因という言葉の意味を解説しておきましょう。「特性」とは「結果」のことです。また、「要因」とは、「重要な原因」を意味します。ただし、特性要因図においては、「重要な原因の候補」と考えてください。

　特性要因図とは、ある１つの結果と、その原因として想定されるものを図で整理したものです。QCストーリーのステップにおける「要因の解析」（問題の原因を追及すること）でよく使われる手法です。要因の解析では、まず最初に考えられる原因候補をリストアップします。このリストを分類・整理するのに役立つのが特性要因図です。

　特性要因図を作成するには、最初に特性を決めます。たとえば、「部品の誤実装」とか、「販売予算の未達成」というように、取り上げる特性を決めます。そして、図の右端にその特性を表示します。つぎに、要因を特性の左側に思い浮かぶままに書いていきます。ただし、整理しやすいように、いくつかのグループごと（大きな要因ごと）に分けて書きます。

　特性要因図の要因は、あくまでも原因の候補にすぎず、仮説であるという点に注意してください。本当の原因かどうかは、データで確認するまでわかりません。特性要因図は、データ解析の準備として、使うべき道具です。

特性要因図の例

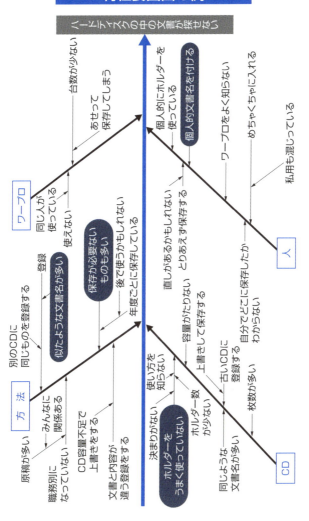

ハードディスクの中の文書が探せない

ワープロ
- 台数が少ない
- あせって保存してしまう
- 同じ人が使っている
- 使えない
- 似たような文書名が多い
  - 登録
- 保存が必要ないものも多い
  - 後で使うかもしれない
  - 年度ごとに保存している

方法
- 原稿が多い
- 職務別になっていない
- みんなに関係ある
- CD容量不足で上書きをする
- 文書と内容が違う登録をする
- 別のCDに同じものを登録する

人
- 個人的にホルダーを使っている
- 個人的な文書名を付ける
- ワープロをよく知らない
- めちゃくちゃに入れる
- 私用も混じっている
- 直しがあるかもしれない
- とりあえず保存する
- 容量がたりない
- 上書きして保存する
- 自分でどこに保存したかわからない

CD
- 決まりがない
- 使い方を知らない
- ホルダーをうまく使っていない
- ホルダー数が少ない
- 古いCDに登録する
- 同じような文書名が多い
- 枚数が多い

49 連関図
複雑に絡んだ原因を探索

> 連関図は、複雑に絡み合った問題の原因を追及するのに適した手法です。問題とその原因、および原因同士の因果関係を矢線を使って整理し、改善すべき重要原因や根本原因の絞り込みに使います。

　連関図は、QCストーリーにおける「要因の解析」でよく使われる手法で、原因追及の道具です。したがって、連関図を活用する場面は、特性要因図と同じです。

　連関図を使うと、問題と原因の関係だけでなく、原因同士の関係も整理できますので、原因が複雑に絡み合っているときの原因追及に有効な道具です。たとえば、車両事故の原因として、交通ルールの無視とスピードの出しすぎが考えられたとします。連関図は、この2つの原因同士の関係も図で示すことができます。

　連関図では、矢線を使って因果関係を表示します。矢線は、原因から結果へ矢を向けて引きます。実際に作成するときには、「なぜなぜ問答」を繰り返し、1つの原因が浮かんだら、そのまた原因は何かと順次考えていきます。

　連関図の中で、矢線を受けていない原因（原因をそれ以上追及できないもの）を根本原因と呼んでいます。問題の防止には、この根本原因への対策を考えればよいことになります。ただし、手の打ちようがない根本原因もあります。その場合には、根本原因の1つ前の原因に対して対策を考えます。

　また、矢線が多く出ている原因や、矢線を多く受けている原因は、重要な原因として着目するとよいでしょう。

連関図の概念

連関図の例

つぎに示す連関図は「設備の故障が多い」という問題について、その原因を追及するのに活用したものです。

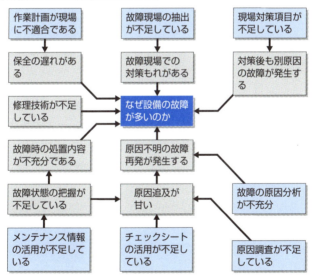

50 系統図
方策の立案に役立つ道具

目標（目的）をどのように達成するのか、すなわち方策（手段）を順序立てて決めるには系統図が役立ちます。系統図を作るには、目的達成のために何をすべきかというアイデアを創造する力が必要になります。

目標達成のためにどのような手段をとるべきかは、難しい問題です。そこで系統図を作り、とるべき手段を解きほぐす作業が行われます。QCストーリーのステップにおける「対策の立案」、課題達成型QCストーリーにおける「方策の立案」や「最適策の追求」、方針管理における「方針の展開」などの場面で活発に利用されます。

系統図では、目的と手段の連鎖を考えて展開していきます。たとえば、「新商品Xの拡販を図る」という目的があったとします。この目的を達成するための手段として「商品Xのセールスポイントを明確にする」が考え出されました。つぎに、これを目的と置き換えて、「明確にする」ための手段を考えます。こうして、目的と手段の連鎖を利用して、手段を展開し、具体的な実施項目のレベルになるまで展開を続けます。

系統図では、左端に最も大きな目的を書き、そこから右側へ展開していきます。したがって、右端に位置する手段が最終手段で、実施項目になります。ただし、最終手段は、すべてが実施可能であるとは限りません。コストなどの制約によって実施不可能な場合もあります。そこで、可能性、必要性（効果）、経済性（コスト）、作業性、安全性といった観点から各最終手段を評価し、実施項目を決定します。

系統図の概念

系統図における目的と手段の関係は、つぎのようになります。

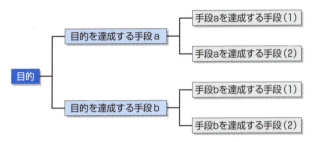

系統図の例

つぎに示す系統図は「書類を速く探し出す」という目的について、その手段を追求するのに活用したものです。

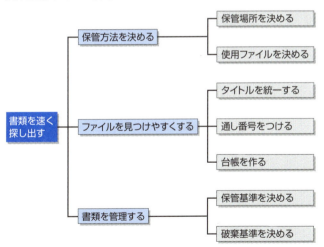

51 マトリックス図

複数の事象の対応関係を整理

複数の問題と複数の原因が絡み合っている場合、問題と原因の対応関係を整理するには二次元的に整理する必要があります。複雑な事象間の対応関係を整理するのに役立つのがマトリックス図です。

いま、4人（A、B、C、D）の技術者がいたとします。また、技術者の教育講座が3コース（1、2、3）あったとします。Aさんは1と2のコース、Bさんは1と3、Cさんは2と3、Dさんは2のコースを受講していたとします。このような場合、技術者の各人を列に、教育講座の各コースを行に配置した表を作り、各人が受講したコースには○という記号をつけて情報を整理すると全体の情報を把握しやすくなります。このようにして作られる表がマトリックス図です。

マトリックス図では、対応関係を見ようとしている項目（技術者、教育講座）のことを事象と呼んでいます。また、各項目の中身（A、B、C、D、1、2、3）を要素と呼んでいます。マトリックス図とは、2つの事象に属する各要素を行と列に配置し、その交点に各要素の関連の有無を示した表のことです。

マトリックス図には、いろいろな種類がありますが、特によく使われるのが、つぎの4つです。

①L型マトリックス（事象が2つのとき）
②T型マトリックス（事象が3つのとき）
③Y型マトリックス（事象が3つのとき）
④X型マトリックス（事象が4つのとき）

L型マトリックスの例

つぎのマトリックス図は、技術者の教育状況を整理するようなときに用いるL型マトリックスの例です。

技術者 教育講座	Aさん	Bさん	Cさん	Dさん
コース1	○	○		
コース2	○		○	○
コース3		○	○	

Y型マトリックスの例

つぎのマトリックス図は、宇宙・航空分野での利用に適する繊維を、新しく開発する過程で活用したY型マトリックスの例です。

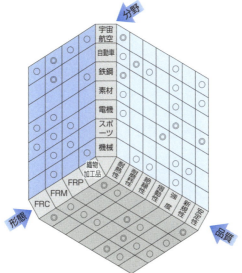

◎：最も適している、またはかなり有望
○：適している、または有望

117

52

> ある対策を実行に移すと、実行過程でさまざまな障害が発生
> し、当初の計画通りに進まないということがよく起こります。
> **PDPC**は、実施過程で起こりうる事態を事前に予測しながら、
> 一連の手段を計画するための道具です。

PDPCは「Process Decision Program Chart」の略で、「過程決定計画図」と訳されます。この手法は近藤次郎博士によって発案されたものです。

PDPCは、QCストーリーのステップにおける「対策の立案」、課題達成型QCストーリーにおける「最適策の追求」や「最適策の実施」でよく使われる手法です。

新製品を開発するようなプロセスは、試行錯誤の連続、失敗と成功の繰り返しです。このような場合の計画作りには、すべてが順調に進行した場合の理想的な（楽観的な）計画と悲観的な計画をうまく合成させることがポイントになります。合成させた計画を立案するときに役立つのがPDPCです。PDPCは、やってみなければ先が見えない、相手のあることなので自分の計画通りにいくとは限らないといったような局面での計画立案に有効です。たとえば、①研究・開発の計画立案、②絶対に防止しなければいけない重大事故の防止策立案、③営業活動・受注活動における戦略立案、などです。

PDPCには、特別な作成ルールや、正式な形はありません。自由に作成できるところが、特徴でもあります。完成したPDPCは、右の図のようにフローチャートに似たものになります。

PDPCの例

つぎのPDPCは、営業活動の計画立案に用いたものです。

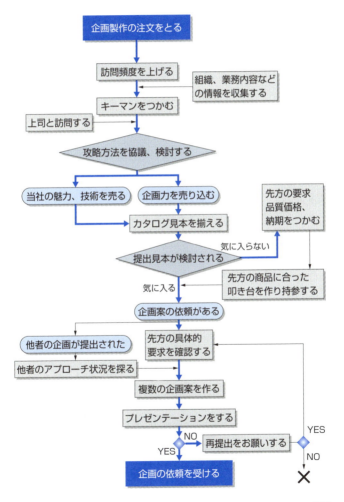

企画製作の注文をとる

↓

訪問頻度を上げる ← 組織、業務内容などの情報を収集する

↓

キーマンをつかむ ← 上司と訪問する

↓

攻略方法を協議、検討する

当社の魅力、技術を売る　企画力を売り込む

→ カタログ見本を揃える

↓

提出見本が検討される ── 気に入らない → 先方の要求品質価格、納期をつかむ

気に入る　　先方の商品に合った叩き台を作り持参する

↓

企画案の依頼がある

他者の企画が提出された　先方の具体的要求を確認する

他者のアプローチ状況を探る

↓

複数の企画案を作る

↓

プレゼンテーションをする

↓ NO → 再提出をお願いする → YES

YES　　　　　　　　　　　NO

↓

企画の依頼を受ける　　　✕

53

アローダイアグラム

日程計画を立案

アローダイアグラムは、作業や実施項目の最適な日程計画を立案し、効率よく進捗管理を行うのに適した手法です。アローダイアグラムを使うと、同時に進められる作業や、時間的な余裕の有無が明確になります。

アローダイアグラムは、仕事やプロジェクトの開始から完了までの作業項目を、時系列に並べて矢線で結んだ図です。

日程計画の立案や進捗管理の手法としては、ガントチャート（バーチャート）がよく使われます。ガントチャートは、縦軸に実施項目、横軸に月日をとり、線を使って、計画と実績を表示するグラフです。

アローダイアグラムは、ガントチャートよりも、つぎに示すような点で有効な手法です。

①ある作業に遅れが生じたときに、全体の日程にどのような影響が生じるかをつかむ。

②日程に余裕がある作業と、余裕のない作業をつかむ。

③最短日程と最長日程を算出する。

実施項目を順序関係にしたがって矢線で図示するところは、PDPCに似ていますが、PDPCのように不測事態の発生までは考慮していません。

アローダイアグラムは、QCストーリーのステップにおける「対策の立案と実施」、課題達成型QCストーリーにおける「最適策の実施」、プロジェクトや工事の日程計画立案などでよく使われる手法です。また、アローダイアグラムはPERTと呼ばれる手法の基本となる図です。

アローダイアグラムとガントチャートの例

ある建設工事の日程管理に用いたアローダイアグラムと、ガントチャートの例です。

〈ガントチャート〉

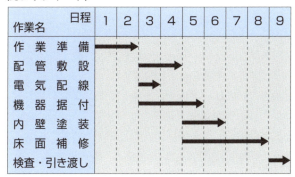

作業名 ＼ 日程	1	2	3	4	5	6	7	8	9
作 業 準 備									
配 管 敷 設									
電 気 配 線									
機 器 据 付									
内 壁 塗 装									
床 面 補 修									
検査・引き渡し									

〈アローダイアグラム〉

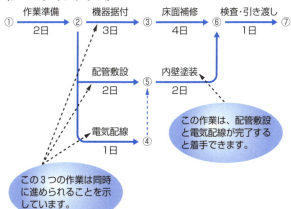

この3つの作業は同時に進められることを示しています。

この作業は、配管敷設と電気配線が完了すると着手できます。

54 親和図
さまざまな言語データを統合

製品に対する意見や発想などの多くは、数値ではなく一般に話される言葉です。これら多数の言葉（言語データ）を統合し、集約するのに適した手法が親和図です。断片的で、漠然としたイメージを具体化するときにも有効です。

親和図は、テーマの発見や問題の整理、顧客の要求品質の把握などによく使われる手法です。

親和図の作成は、ブレーン・ストーミングやアンケートなどで得られる言語データを統合し、要約しながら進めます。たとえば、手帳という製品に対する顧客の要求として、ある顧客は、「軽いものが欲しい」と言い、別の顧客は、「小さいものが欲しい」と言うことがあるでしょう。そこで、これらの言語データを統合し、顧客の要求を「携帯性が優れている手帳が欲しい」と要約します。

親和図は、言語データが語っている意味の近さ（親和性）に注目し、近いもの同士を統合することで、言語データを要約する手法です。顧客の要求を表すような言語データは、計画的に系統立てて収集されることは少なく、ばらばらに得られることが多いものです。これらの言語データは、統合して要約しないと、重要なポイントが見えてきません。

言語データには、つぎのようなものがあります。

①事実データ：（例）パソコンが作動しなくなった

②推定データ：（例）部品がこわれたからだろう

③発想データ：（例）部品を交換すれば直りそうだ

④意見データ：（例）簡単に修理できるようにしてほしい

親和図の例

「豊かさ」という言葉のコンセプトを具体化するために、「豊かさ」という言葉から、どのようなことを思い浮かべるかアンケート調査を実施して、収集した言語データを親和図で整理した例です。

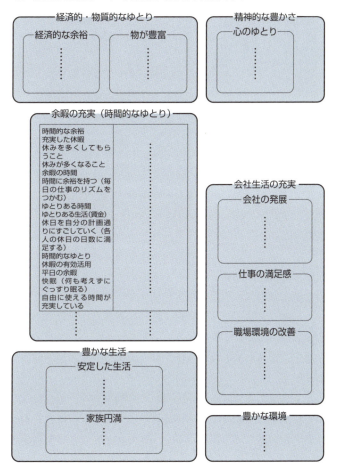

123

55 マトリックス・データ解析法
さまざまな数量データを統合

製品の品質は、複数の特性で評価されることが多いものです。複数の特性が計測されると、特性ごとの評価だけでなく、特性を総合的にみた評価も必要になります。このようなときに利用されるのがマトリックス・データ解析法です。

マトリックス・データ解析法は、新QC七つ道具の中で唯一、数値データを扱う手法です。この手法は統計的方法（多変量解析法）の１つで、統計学では主成分分析法と呼ばれる手法です。

いま、乗用車の品質を考えてみましょう。品質を決める特性としては、燃費、馬力、最高速度など複数の特性が考えられます。このとき、何種類かの乗用車について、これらの特性を示すデータがあれば、燃費はどの乗用車が優れているか、馬力はどれか、最高速度はどれかというように、特性ごとの比較ができます。一方、複数の特性を別々に評価するのではなく、総合的に評価したいという場合もあります。このようなときに適用されるのがマトリックス・データ解析法です。

マトリックス・データ解析法を利用すると、複数の特性を合成した総合指標を算出することができます。この総合指標で対象（モノやヒト）を評価すれば、総合的な評価が可能になります。

マトリックス・データ解析法は、総合指標の作成のほかに、似ている製品と似ていない製品といったような対象のグルーピングや商品の位置づけ（ポジショニング）などにも利用されます。

マトリックス・データ解析の例

〈データの準備〉

つぎのデータは、携帯電話を10個（AからJ）取り上げ、操作性、機能性、携帯性、デザインの4つの特性について、点数評価（100点満点）したものです。

商品	操作性	機能性	携帯性	デザイン
A	60	55	60	45
B	60	50	60	50
C	55	35	50	50
D	65	50	60	55
E	50	40	50	40
F	60	55	60	50
G	65	55	65	55
H	55	40	60	50
I	65	50	55	45
J	60	50	60	50

〈解析結果〉

上記のデータにマトリックス・データ解析法を適用すると、つぎのような2つのグラフを作成することができます。これらのグラフを見ることにより、どの商品が近くに位置しているか、どの特性が関係が強いかを発見することができます。

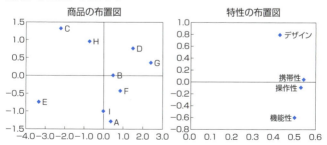

商品の布置図　　　　特性の布置図

Coffee
Break 品質管理検定（QC検定）

　品質管理検定（QC検定）は、品質管理に関する知識をどの程度持っているかを筆記試験により客観的に評価するもので、1級から4級までの4つの級があります。

　各級の対象者は次のようになっています。

■1級

　品質管理部門のスタッフ、技術系部門のスタッフなど企業内において品質管理全般についての知識が要求される業務にたずさわる方々

■2級

　QC七つ道具などを使って品質に関わる問題を解決することを自らできることが求められる方々、小集団活動などでリーダー的な役割を担っており、改善活動をリードしている方々

■3級

　QC七つ道具などの個別の手法を理解している方々、小集団活動などでメンバーとして活動をしている方々、大学生、高専生、工業高校生など

■4級

　これから企業で働こうとする方々、人材派遣企業などに登録されている派遣社員の方々、大学生、高専生、高校生など

　品質管理に関する知識が、どの程度まで身についているかを測るために、品質管理検定を受験されるとよいでしょう。

　また、社内の品質管理教育における効果の測定手段として、利用することもできます。

第 V 章

統計的方法

56 統計的品質管理
品質管理に統計学を活用した活動

> 品質管理の中でも、特に統計学の手法を応用した活動が統計的品質管理（Statistical Quality Control; SQC）です。統計学に裏付けられた、データの収集方法および解析手法を活用して品質管理を進めます。

　品質管理の歴史は、製造工場の品質を管理する手段に、管理図と抜取検査の方法を用いたことから始まります。つまり、品質管理の原点はSQC（統計的品質管理）なのです。現在、SQCという用語は、つぎの2つの意味で使われています。

①TQM全体の中で、統計的方法を利用した活動の部分

②現在のTQMと対比して、統計的方法だけを重視した初期の品質管理

　統計的方法をデータの解析に利用する大きなねらいは、データの変動を「意味のある変動」と「意味のない変動」に分解し、変動しているデータから、何らかの規則性を見つけ出すことです。たとえば1本のネジの寸法に0.5ミリのズレがあった場合、そのズレは偶然なのか、あるいは何本かに1本の頻度で生じるのかを知るためには、統計的方法が有効です。

　統計的方法は、データを収集するときにも利用されます。数学的に裏付けされた統計理論を使って、誤差を見積もり、設定した誤差の範囲で結論を出すには、どのくらいの数のデータを収集すればよいかといったことを検討します。

　統計的方法を用いて、データを処理するには、コンピュータを利用します。パソコン上で稼働する高品質で信頼性の高い統計ソフトウェアが市販されています。

統計的方法のいろいろ

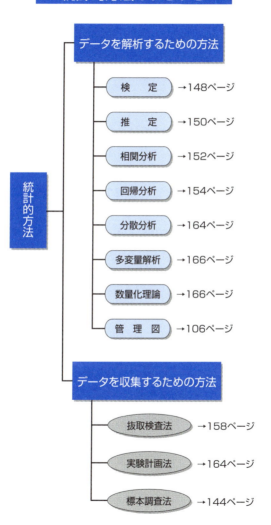

統計的方法

データを解析するための方法

検　定	→148ページ
推　定	→150ページ
相関分析	→152ページ
回帰分析	→154ページ
分散分析	→164ページ
多変量解析	→166ページ
数量化理論	→166ページ
管　理　図	→106ページ

データを収集するための方法

抜取検査法	→158ページ
実験計画法	→164ページ
標本調査法	→144ページ

57 データの種類
データの性質を見極める

統計的方法を使って数値データを処理する場合には、対象としているデータが、どのような性質のものかを考慮しなくてはいけません。データは性質によっていくつかの種類に分類できます。

　統計的方法の対象となるのは、数値データです。数値データは、数学的な性質によって①計量値、②計数値、③順位値の 3 つに分けることができます。

　①計量値　測定器具などで「測る」ことによって得られるデータです。たとえば、重さや長さ、時間などが計量値です。とりうる値が「連続的」であるという特徴があります。連続的であるというのは、測定器具の精度が許す限り小数点以下何桁でもとれて区切りがないということです。

　②計数値　「数える」ことによって得られるデータです。たとえば、不適合品数、事故件数などが計数値です。とりうる値が「離散的」であるという特徴があります。たとえば、不適合品の数が1.5個ということはあり得ず、 1 と 2 の間の値は存在しません。このようなデータを離散的といいます。

　③順位値　「比べる」ことによって得られるデータです。この種のデータは、官能検査や、アンケート調査において、多く見られます。たとえば、いくつかの商品を提示しておいて、好きな順に順位をつけてもらうようなアンケート調査を想定してください。このときに収集されるデータは、 1 位、 2 位といったような順位を示すデータになります。このようなデータを順位値といいます。

データの種類(1)

数値データは数学的な性質によって、3つに分けられます。

計量値	測る	(例) 1cm、2cm、………………
計数値	数える	(例) 1個、2個、………………
順位値	比べる	(例) 1位、2位、………………

データの種類(2)

数値データは測定尺度によって、4つに分けられます。

名義尺度	違いだけを意味し、数値の大小に意味がないデータ (例) アンケート調査などで、 　　　性別が男ならば1、女ならば2 　　　と答えるようなときの、1、2という数値
順序尺度	数値の大小に意味があるデータ (例) 製品のランクで、 　　　1級品、2級品、3級品 　　　というようなときの、1、2、3という数値
間隔尺度	数値の大小、差に意味があるデータ (例) 温度を示す数値
比例尺度	数値の大小、差、比に意味があるデータ (例) 重量、長さ、時間を示す数値

名義尺度と順位尺度のデータを質的データ、間隔尺度と比例尺度のデータを量的データと呼ぶことがあります。

58 データの収集

活用するデータを集める

> データの収集は、新たにデータをとる場合と、過去のデータ
> を利用する場合があります。新たにデータをとるには、調査
> や実験をします。過去のデータを利用するには、保管されて
> いる記録類やデータベースを利用します。

　データの集め方には、調査をして集める方法と、実験をし
て集める方法があります。どちらの方法を用いるにせよ、デ
ータを収集する前に、目的（何を知りたいか）と、解析方法
（どのように分析するか）を決めておくことが重要です。

　個々のデータは、対象（モノ、ヒト）を測定することで得
られます。データの取り方（測定の方法）には、①測る、②
数える、③比べる、④問う（聴取する）、⑤感じるといった
方法があります。

　観察するときに、見ようとしている対象が、速く動きすぎ
て見えない、また、小さすぎて肉眼ではとらえられないなど
の問題が生じることがあります。このときには、ビデオ、カ
メラ、顕微鏡などを利用します。

　収集したデータは、いつでも、だれもが利用できるように
保管しておく必要があります。この際、担当者だけでなく、
当事者以外の人も、利用できるようにしておくことが、情報
の共有化という点から重要です。

　データの保管と検索（欲しいデータを探し出すこと）を効
率的に行うために、コンピュータを使ったデータベースシス
テムを利用することを推奨します。最近では、データの収集
までもコンピュータによって自動化する例も見られます。

データの集め方

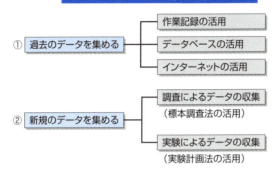

① 過去のデータを集める
- 作業記録の活用
- データベースの活用
- インターネットの活用

② 新規のデータを集める
- 調査によるデータの収集（標本調査法の活用）
- 実験によるデータの収集（実験計画法の活用）

データの取り方

① 測る　　（例）寸法、重量、時間

② 数える　（例）不適合品数、事故件数

③ 比べる　（例）順位

④ 問う　　（例）満足度、嗜好

⑤ 感じる　（例）肌触り、おいしさ

データの使い方

① 現状の把握
　（例）不適合品率はどうなっているのか調べる

② 仮説の探索
　（例）不適合の原因らしきものを探す

③ 仮説の検証
　（例）不適合の真の原因を確認する

> データの集まりから情報を読みとるには、データの特徴を示す指標（たとえば、平均値や標準偏差）を計算し、データを要約します。データから計算されるこれらの数値を統計量と呼んでいます。

　データの分布状態は、分布の中心位置、散布度（ばらつきの大きさ）、形の3つでとらえることができます。

　①**分布の中心位置**　中心位置がどこにあるのかを示す代表的な指標として、平均値と中央値があります。中央値とは、データを値の大きい順（小さい順）に並べ替えたときに、まん中の順位に相当するデータです。飛び離れた値（はずれ値）が存在しなければ、平均値と中央値は近い値になります。

　②**分布の散布度**　分布の散布度を示す代表的な指標として、標準偏差と範囲があります。標準偏差とは、平均値と個々のデータの値との差（偏差）を、平均化した指標です。範囲は、データの中の最大値と最小値の差です。通常、データ数が10個以下のときに用います。ばらつきが大きいということは、平均値から離れた値をとるデータが多いということですから、標準偏差と範囲の数値も大きくなります。

　③**分布の形**　分布の形を示す指標として、歪度（ひずみ）と尖度（とがり）があります。歪度で分布の対称性を見ます。尖度で分布のすその長さを見ます。この2つの指標によって、分布の形が、左右対称かどうか、すそを引いているかどうかを見ることができます。工業で扱うデータでは、左右対称な分布になるのが一般的です。

計算のための公式と記号

データの数をn、個々のデータをx_i（$i=1 \sim n$）とします。

〈中心位置を見る統計量〉

① 平均値　$\bar{x}$　$\displaystyle \bar{x} = \frac{\sum_{i=1}^{n} x_i}{n}$

② 中央値　$\tilde{x}$　$\tilde{x}$は、データを大小順に並べ替えたとき
　　　　　　　　に、中央の順位に位置する値。Meとも書く。

〈ばらつきを見る統計量〉

③ 偏差平方和　S　$\displaystyle S = \sum_{i=1}^{n} (x_i - \bar{x})^2$

④ 分散　V　$\displaystyle V = \frac{S}{n-1}$

⑤ 標準偏差　s　$s = \sqrt{V}$

⑥ 範囲　R　$R =$ 最大値 － 最小値

データの散らばりと標準偏差

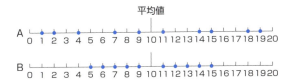

平均値

AとBを比較すると、どちらも平均値は$\bar{x}=10$ ですが、ばらつきはB
のほうがAよりも小さくなっています。このようなときには、標準偏差
の値はBのほうがAよりも小さい値になります。

（注）このようなグラフをドットプロットと呼びます。

60 計量値の分布
正規分布

> 計量値を扱う統計的方法の多くは、データが正規分布と呼ばれる分布に従うことを前提に理論が構築されています。収集したデータが、正規分布に従っているかどうかにより、データの解析に用いる統計的方法も変わります。

　ある製品の寸法をXとして、そのXがデータを取るたびに確率的にいろいろな値に変化するとき、Xを確率変数と呼び、それぞれの確率を表現したものを確率分布といいます。測定して得られるような計量値のデータは、確率分布として、正規分布と呼ばれる分布に従うことを仮定しています。正規分布に従うデータは、ヒストグラムを書いたときに、分布の中央付近の柱が最も高くなり、その柱を中心に左右対称の形になります。製造工程が安定している場合、工業製品の長さや重さなどの測定値は、正規分布に従うのが一般的です。

　データが正規分布に従っていると、Xがある区間の値に入る確率を計算することができます。このときに用いられるのが、確率密度関数と呼ばれるもので、この関数を積分することで、確率を計算します。正規分布は平均値の値 μ と標準偏差の値 σ が決まれば、形が決まる確率分布で、確率密度関数はつぎのような式で表現されます。

$$\frac{1}{\sqrt{2\pi}\sigma} \exp\left\{-\frac{(x-\mu)^2}{2\sigma^2}\right\}$$

　平均値が μ、標準偏差が σ の正規分布をN（μ、σ^2）と表現することがあります。正規分布の中でも、平均値が 0、標準偏差が 1 であるような分布を標準正規分布と呼んでいます。

正規分布

正規分布に従うデータを集めて、ヒストグラムを作成すると、つぎのような形に近くなります。

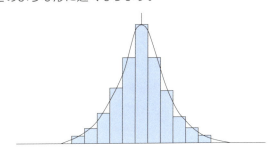

正規分布の性質

正規分布に従うデータには、つぎのような数学的な性質があります。

平均値±1×標準偏差の範囲にデータの約70%が存在する
平均値±2×標準偏差の範囲にデータの約95%が存在する
平均値±3×標準偏差の範囲にデータの約99.7%が存在する

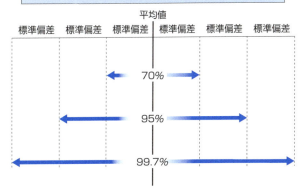

61 計数値の分布

二項分布とポアソン分布

不適合品数や不適合数のように、数えて得られる計数値データは、小数点以下のデータが存在しない飛び飛びの値となります。このようなデータは離散データと呼ばれ、確率分布として離散分布と呼ばれる分布が利用されます。

計数値データの分布は、離散分布と呼ばれますが、離散分布の代表的なものとして、二項分布とポアソン分布があります。

二項分布は不適合品の数のように、結果が不適合か適合かというように2つのどちらかしか得られないようなデータの確率分布として利用されます。一方、ポアソン分布は不適合品数のように、製品の欠点数や事故の数といったデータの確率分布として利用されます。

いま、不適合品率が5％の工程があるとすると、その工程で100個の製品を製造すれば、5個の不適合品が製造されることが予想できます。しかし、不適合品率が5％の工程であっても、100個の中に常に5個の不適合品が製造されるわけではありません。4個や6個のときもあります。0個のときもあります。不適合品の数はデータを取るたびに変わります。このように、不適合品の数はデータを取るたびに変わる確率変数となります。この確率を表現したものが二項分布で、不適合品が発生する確率を求めるときに使います。

ポアソン分布は、二項分布と同様に、数えて得られるデータの確率分布として利用されるもので、不適合品の数ではなく、不適合を示す内容の数を扱うときに用います。

二項分布

（例）不適合品率が20%の工程において、10個の製品を製造したときに、不適合品が得られる確率の分布

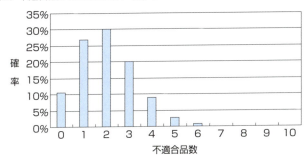

ポアソン分布

（例）生産現場において、1カ月間に事故が平均4件あるとき、事故が起きる確率の分布

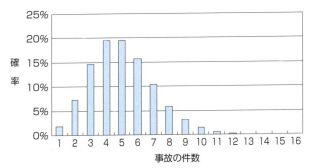

データの特徴を把握するには、統計量を計算するだけでは不十分で、グラフによる表現によって、視覚的な判断を加える必要があります。データをグラフにすることで、分布の形や、はずれ値の有無などを把握できます。

　データの分布状態を把握するのに適したグラフとしては、ヒストグラムのほかに、幹葉プロット、ドットプロット、箱ひげ図などがあります。

　ヒストグラムは、データの存在範囲をいくつかの区間に区切って、それぞれの区間にデータがいくつ存在するかを、棒グラフで示したものです。ヒストグラムの欠点は、棒の中身が見えなくなってしまうことです。たとえば、25から35の間に、データが2つ存在するとしましょう。ヒストグラムでは、2つ存在しているということが、棒で表現されるだけですので、もとの2つのデータが、26と27であっても、26と34であっても、その違いは見えなくなります。この欠点を補うグラフが、幹葉プロットです。

　幹葉プロットを作成するには、最初にデータを2ケタの形にします。もともと2ケタならば、そのまま用います。3ケタ以上あるときには、大きいほうの2ケタを使います。たとえば、123というデータならば、最後の3を無視して12とします。こうして、各データを2ケタの形にしたならば、大きいほうのケタの数字を「幹」、小さいほうの数字を「葉」として、幹葉プロットを作成します。駅の構内で見かける時刻表の表示形式が、幹葉プロットに似ています。

幹葉プロットの例

つぎのデータは、ヒストグラム（p103）で利用したものと同じものです。このデータを使って、幹葉プロットを作成してみます。

データ表

56	53	43	52	38
53	55	43	41	56
54	61	49	53	54
57	35	56	42	66
54	50	30	52	63
42	47	39	66	47
45	56	41	54	48
37	36	53	43	54
31	47	44	62	44
53	40	54	54	51

幹	葉
3	7156098
4	2577033914123784
5	634743350663423244 6441
6	16263

幹（3、4、5、6）が少ないので、葉を前半（0～4）と後半（5～9）に分けます。また、葉の数値を小さい順に並び替えて、完成させます。

幹	葉
3	01
3	56789
4	0112233344
4	577789
5	012233333444444
5	566667
6	123
6	66

ヒストグラムを横にした形に近くなり、ヒストグラムと同じような情報が得られることがわかります。

63 箱ひげ図
データの視覚的要約

> データは、平均値や標準偏差などの基本的な統計量によって、数値的に要約することができますが、グラフを用いて、視覚的に要約することもできます。箱ひげ図は、データを視覚的に要約するためのグラフです。

　箱ひげ図を作成するには、その準備として、データを5つの指標に要約します。ここで用いる指標は、平均値や標準偏差ではなく、①中央値、②最大値、③最小値、④上側ヒンジ、⑤下側ヒンジの5つです。この5つにデータを要約することを五数要約といいます。

　上側ヒンジとは、最大値と中央値の中間に位置する値で、全データの75%がその値より小さくなるところです。また、下側ヒンジとは、最小値と中央値の中間に位置する値で、全データの25%がその値より小さくなるところです。

　上側ヒンジと下側ヒンジの差は、ヒンジ幅、または、四分位範囲と呼ばれ、ばらつきの大きさを示す指標として用いることができます。

　箱ひげ図の作り方は、まず、中央値、上側ヒンジ、下側ヒンジを使って箱を作ります。つぎに、ヒンジ幅の1.5倍のところまで、各ヒンジから線（ひげ）を引きます。ひげの先端は、ひげ端と呼びます。ここで、最大値や最小値が、ひげ端より箱に近いときには、最大値（最小値）をひげ端にします。ひげ端より大きい、または、小さいデータは、はずれ値として、丸などの記号で表示します。このようにすることで、はずれ値の発見を容易に行うことができます。

箱ひげ図の例

つぎのデータを使って、箱ひげ図を作成してみます。

データ表

20,41,42,43,44,45,46,47,48, 51,52,53,54,55,56,57,99

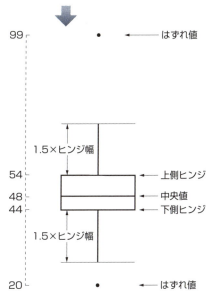

この箱ひげ図から、以下のことがわかります。

- 20と99が異常に飛び離れた値であることを示唆しています。
- 44〜54の区間に全データの約50%が存在します。
- 48より大きいデータと小さいデータの割合は、それぞれ50%ずつです。

統計学では、調査・研究の対象とする集団を、母集団といいます。データを収集する場合、母集団を構成しているもの全部からデータを集める方法と、母集団の一部を抜き取って、データを集める方法があります。

　母集団という用語は、「調査・研究の対象となる集団」という意味のほかに、「標本により処置をとろうとする集団」という意味もあります。標本とは、母集団から抜き取ったものの集まりです。たとえば、ある製品のデータを収集したとします。その目的が、製品を作り出している工程を改善するためであるとすると、処置の対象は、製造工程ですから、この製造工程が母集団になります。そして、データを収集した製品の集まりが標本になります。

　母集団を構成している要素の数が、有限の場合を有限母集団と呼び、無限の場合を無限母集団と呼びます。

　たとえば、箱詰めされたリンゴがあったとします。そのリンゴを出荷してよいかどうかを判定するために、箱から何個かのリンゴを抜き取って検査するような場合、母集団は箱全体のリンゴで、その数は有限個ですから、これは有限母集団です。

　母集団から抜き取った一部の標本を調べることで、母集団全体の様子を探ろうとする方法を標本調査法といいます。標本は選ぶ人の意思や感情が入らないように抽出する必要があります。このためには、乱数やくじ引きを使うランダムサンプリング（無作為抽出）と呼ばれる方法を用います。

母集団と標本の関係

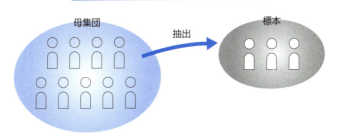

つぎの例は、ある会社の社員の年齢データすべてを母集団とします。このすべてのデータを使って平均値を計算したときの値を母平均といいます。一方、母集団から抽出したデータ（この場合は6個）を使って計算したときの値を標本平均といいます。

〈数値例〉

母数と統計量の関係と記号

	母集団	標本
平均値	母平均 μ	標本平均 $\bar{x}$
分散	母分散 σ^2	標本分散 V
標準偏差	母標準偏差 σ	標本標準偏差 s

⬇ 母数

⬇ 統計量

研究の対象となる集団（母集団）から、一部の個体（人や製品）を抜き取る行為をサンプリングと呼んでいます。サンプリングは、工場における抜取検査や顧客満足度調査などのアンケート調査において実施されます。

サンプリングは母集団を構成する人や製品をすべて調査できないときに、母集団から一部を抜き取る行為です。サンプリングの際に重要なことは、抜き取られた一部が全部を代表しているように選ぶことです。たとえば、小学生のお小遣いを調査しようという場合、すべての小学生を調べずに、一部の小学生をサンプリングしてデータを収集するのが一般的です。このとき、高学年の小学生ばかりを抜き取ってしまっては、抜き取られた小学生が、すべての小学生を代表しているとは言えません。そのような小学生から得られたお小遣いの結論は、低学年の小学生には適用できないでしょう。

母集団を代表するような人や製品を選ぶために、無作為に選ぶという方法が使われます。無作為に選ぶとは、選ばれる確率が等確率になるように選ぶということです。

実際の場面では、全体から無作為に選ぶことが効率的でない場合もあります。全国にいる小学生から無作為に100人を選ぶよりも、東京都内にいる小学生を無作為に選ぶほうが容易な作業です。そこで、最初にどの都道府県を調べるかを無作為に選び、つぎに、選ばれた都道府県の中から無作為に小学生を選ぶといった方法も提案されています。このようなサンプリングを多段サンプリングと呼んでいます。

ランダムサンプリングの種類

- 単純ランダムサンプリング
- 系統サンプリング
- 層別サンプリング →分けてから抽出
- 集落サンプリング →抽出したもの全て調査

多段サンプリング →何段階かに分けて抽出

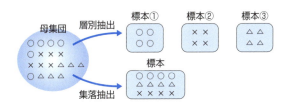

〈二段サンプリングの例〉

もとの母集団を適当に分割してグループ分けします。そして、最初にグループのサンプリングを行います。つぎに、選ばれたグループごとに、品物や人のサンプリングを行います。

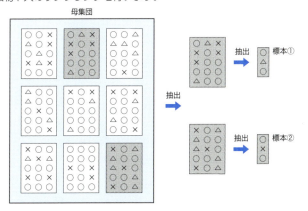

仮説検定
仮説を検証する方法

母集団の平均値や分散、あるいは不適合品率などに関してある仮説を立て、母集団から抜き取った（とみなせる）標本のデータを使って、その仮説を統計的に検証していく方法を仮説検定といいます。

いま、ある製品の重量の設計値（ねらいの値）が、50gであったとします。実際には、工程で製造される製品の重量は、さまざまな原因によって、常に50gになるとは限りません。そこで、母集団（製品の重量という測定値の集まり）の平均値が、50とみなせるかどうかを、データで確認します。このときに利用する手法が、仮説検定です。

仮説検定においては、最初に2つの仮説を立てます。

　　　仮説0「母平均は50である」
　　　仮説1「母平均は50ではない」

仮説0のことを帰無仮説と呼び、H_0という記号で表します。また、仮説1のことを対立仮説と呼び、H_1という記号で表します。上の2つの仮説を仮説検定の流儀で表現すると、つぎのようになります。

　　　帰無仮説H_0：$\mu = 50$
　　　対立仮説H_1：$\mu \neq 50$

帰無仮説H_0と対立仮説H_1のうち、どちらの仮説を採択すべきか、データを使って判定する方法が仮説検定です。

仮説検定では、H_0が成立しているのに、H_0を棄却してしまう誤りを第一種の誤りと呼びます。第一種の誤りを犯す確率は自分たちで設定でき、その確率を有意水準と呼びます。

仮説検定の流れと考え方

母集団の平均値（母平均）μ が、ある値 μ_0 に等しいかどうかを検定するには、収集した n 個のデータの平均 $\bar{x}$ に基づいて、つぎのように進めます。

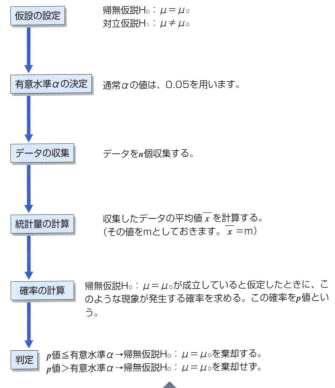

仮説の設定

帰無仮説H_0：$\mu = \mu_0$
対立仮説H_1：$\mu \neq \mu_0$

有意水準αの決定

通常 α の値は、0.05を用います。

データの収集

データを n 個収集する。

統計量の計算

収集したデータの平均値 $\bar{x}$ を計算する。
（その値をmとしておきます。$\bar{x}$ =m）

確率の計算

帰無仮説H_0：$\mu = \mu_0$ が成立していると仮定したときに、このような現象が発生する確率を求める。この確率をp値という。

判定

p値 $\leqq$ 有意水準α→帰無仮説H_0：$\mu = \mu_0$を棄却する。
p値 $>$ 有意水準α→帰無仮説H_0：$\mu = \mu_0$を棄却せず。

p値が小さいときは、めったに起こらないことが、たまたま起きたと考えず、H_0が成立していると仮定したことを不合理と考えます。つまり、H_0を棄却するのです。

67 区間推定
母数の値を推定

> 母集団の分布を決めるような数値を母数と呼びます。これには、「母平均」や「母分散」などがあります。母集団から抜き取った（とみなせる）標本のデータを使って、母数の値を見積もる方法を統計的推定といいます。

　母数の値は、有限母集団ならば、母集団に属するすべての対象を測定すれば知ることができます。しかし、一般的にはすべての対象を測定することはまれですし、無限母集団の場合にはそもそも不可能です。そこで、母集団から抜き取った標本のデータを使って、母数の値を推定することになります。

　たとえば、ある製品の寸法を測定した標本データが100個あるとします。そのデータから求めた平均値が5cmだった場合、この値はたまたま得られた標本の平均値であって、母平均の値ではありません。しかし、ランダムに標本を選べば、母平均の値も5に近いと想像できます。こうした考え方で母数の値を推定する方法を「統計的推定」といいます。

　統計的推定には、「母平均は5ぐらいであろう」という結論の出し方と、「母平均は3から7の間に含まれるであろう」という結論の出し方があります。前者のように、母数の値を1つの値で推定する方法を点推定と呼び、後者のように区間で推定する方法を区間推定と呼びます。

　区間推定を用いると、推定の確かさを、ある確率で保証することができます。この確率のことを信頼率と呼び、90％、95％、99％といった確率がよく使われます。なお、信頼率をQ％にしたときの推定区間をQ％信頼区間と呼びます。

推定の概念図

母平均 μ の値が未知のときには、その母集団から抜き取った n 個のデータの平均値 $\overline{x}$ に基づいて、μ の値を推定します。

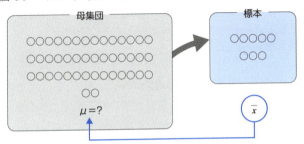

μ の値は、たぶん $\overline{x}$ ぐらいだろうと推定

区間推定の表現例

〈母平均の推定例〉
母平均 μ の95%信頼区間：$10.3 \leqq \mu \leqq 11.3$
↓
95%の確率で、μ は10.3から11.3の間に含まれている

〈母不適合品率の推定例〉
母不適合品率 π の95%信頼区間：$0.07 \leqq P \leqq 0.12$
↓
95%の確率で、π は7%から12%の間に含まれている

区間の幅

信頼率を上げる　➡　区間の幅は広くなる
データ数を増やす　➡　区間の幅は狭くなる

68 相関分析
相関の強さを分析する方法

> 2つの変数の間に相関関係があるかどうかを、数値的に判断するには、相関係数と呼ばれる指標を利用します。相関係数と散布図を併用して、2つの変数間の相関関係を分析する方法を相関分析といいます。

　いま、ある製品の硬度に問題が発生したとします。このとき、硬度に影響を与えているものとして、製品に投入する硬化剤の量が考えられたとすると、硬度と硬化剤の量の関係を分析する必要が出てきます。2つの変数（硬度と硬化剤）の間の関係を分析する手法として、相関分析があります。

　相関分析は、「散布図の視察」という視覚的分析のステップと、「相関係数の吟味」という数値的分析のステップで構成されます。相関係数は、通常rという記号で表され、-1から1までの値をとります。

$$-1 \leqq r \leqq 1$$

　相関係数の符号は、正（＋）のときには、正の相関関係があることを、負（－）のときには、負の相関関係があることを示唆しています。

　相関関係の強さは、相関係数の絶対値$|r|$または二乗値r^2で評価します。どちらも1に近いほど相関が強いことを意味します。相関関係が存在しないときには、相関係数の値は0に近い値（ちょうど0になることはまれです）を示します。

　相関係数は、データ数との関係で吟味する必要があります。データの数が少ないときには、母集団の相関係数（母相関係数ρ）が0かどうかの仮説検定を行う必要があります。

相関係数と散布図

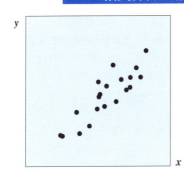

点の散布状態が右上がりになっていますので、正の相関があります。このようなときには

　相関係数＞0

となります。

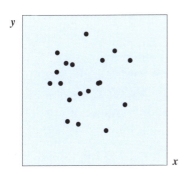

点の散布状態には右上がりの傾向も右下がりの傾向もみられません。すなわち、相関関係はみられません。このようなときには

　相関係数≒0

となります。

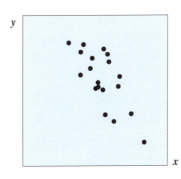

点の散布状態が右下がりになっていますので負の相関があります。このようなときには

　相関係数＜0

となります。

69 回帰分析
変数間の関係を式で表現

> 2つの変数の間に何らかの関係があるかどうかを判断するには、相関分析を利用すればよいのですが、多くの場合は、関係を具体的な式で示す必要にせまられます。このときに利用されるのが回帰分析と呼ばれる方法です。

　相関分析で、2つの変数の間に相関関係があることがわかったならば、つぎは、具体的にどのような関係があるのかを知りたくなる場面があります。たとえば、ある製品の硬度 y と、製品中の硬化剤の量 x との関係を、つぎのような一次式で表現することを考えます。

$$y = a + bx$$

　このとき、a と b の具体的な値を知ることができれば、

＊硬化剤の量 x の値で、硬度 y の値を予測する

＊硬度 y を所望の値にするために、硬化剤の量 x をいくつにするか決定する

といったことが、可能になります。このようなときに利用する方法が、回帰分析と呼ばれる方法です。

　回帰分析では、<u>最小二乗法</u>という理論を使います。最小二乗法によって、x と y のデータを使って、a と b の値を推定することができます。なお、回帰分析によって求めた直線を回帰直線、式を回帰式と呼びます。

　回帰分析には、2つの変数 x と y の間に、直線関係を想定する<u>直線回帰</u>（単回帰分析）と、曲線関係を想定する<u>曲線回帰</u>（多項式回帰）があります。また、1つの変数と複数の変数との関係式を求める<u>重回帰分析</u>と呼ばれる手法もあります。

散布図と回帰直線

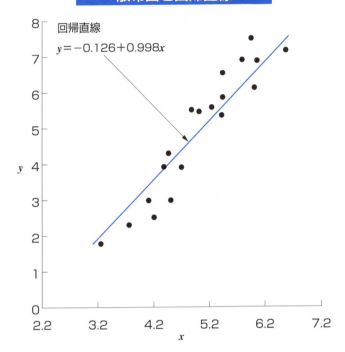

回帰直線
$y = -0.126 + 0.998x$

$y = -0.126 + 0.998x$という回帰式を使って、y の値を予測すること
ができます。

たとえば、$x = 5.2$のときの y の値は

$y = -0.126 + 0.998 \times 5.2$

$= 5.0636$

と予測されます。

一方、yの値を6にするような x の値を求めたいときにも活用できます。
このような使い方を逆推定といいます。

70 分割表
クロス集計の結果の表

　2つの変数間の関係を調べるときに、変数がどちらも量的なときには散布図を作成します。しかし、どちらも質的なときには、分割表を作成して変数間の関係を分析します。分割表は、クロス集計表とも呼ばれます。

　分割表とは、n個のデータを、ある1つの属性に注目して分類し、その結果をさらに別の属性で分類したときに得られるデータの数を、属性同士を組み合わせた表に整理したものです。たとえば、100個の購入製品があるとします。この100個を、品質という属性で、1級品、2級品、3級品の3つに分類したとします。さらに、3つの級ごとに製造会社という属性で、A社、B社、C社、D社の4つに分類すると、品質と製造会社の組み合わせは、12通りできます。

　100個の製品を、12通りの中のどの組み合わせになるのか集計することをクロス集計と呼び、クロス集計の結果を示した表が分割表です。この例のように行の数が3、列の数が4の分割表を、3×4分割表といいます。分割表のデータを視覚化するには、帯グラフやステレオグラムが適切です。

　2×2分割表は、分割表の中で最も小さな表であり、「四分表」とも呼ばれています。品質管理では、行に良品数と不適合品数をとり、列に不適合品率を比較したい要素を2つ並べて、2つの不適合品率に差があるかどうかを調べるのによく使います。たとえば、A工場とB工場で同じ製品を製造しているような場合に、2つの工場の不適合品率に違いがあるかどうかを分析するときに利用することができます。

分割表の例

〈3×4分割表〉

	A社	B社	C社	D社	合計
1級品	15	10	5	5	35
2級品	5	10	5	15	35
3級品	5	5	15	5	30
合計	25	25	25	25	100

〈2×2分割表〉

	A工場	B工場	合計
良品	800	350	1150
不適合品	200	10	210
合計	1000	360	1360

分割表のグラフ表現

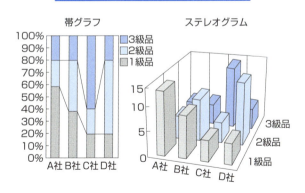

帯グラフ　　　　　ステレオグラム

71 抜取検査
統計理論を利用した検査方法

> 製品を検査するときに、製造した製品をすべて検査する方式を全数検査といいます。これに対し、すべての製品の中から一部を抜き取って、抜き取られたものだけを検査する方式を抜取検査といいます。

抜取検査は、破壊検査のように、全数検査が不可能なときや、検査に多大な費用と時間がかかるときに有効な検査方法です。

抜取検査では、ロットが合格か、不合格かを判定します。ロットというのは、同じ時期に同じ状態で製造された製品の集まりのことです。ロットから製品を何個か抜き取り、抜き取った製品について、品質の評価を行います。そして、この情報に基づき、ロットの合格・不合格を判定します。ロットから抜き取られた製品の集まりをサンプルといいます。サンプルの中の個々の製品を検査単位と呼びます。

抜取検査は、ロットの合否に用いるデータの種類によって、計数型と計量型に大別できます。計数型では、個々の製品が良品か不適合品かを判定したデータを利用します。計量型では、製品について何らかの特性を測定したデータを利用します。

抜取検査は、検査方式の設計思想によっても分類できます。売り手（生産者）と買い手（消費者）の両者を保護する立場で設計された検査を規準型、不合格と判定されたロットは全数の選別を行うように設計された検査を選別型といいます。また、品質レベルによって「きつい検査」「なみ検査」「ゆるい検査」を使い分ける検査方式を調整型といいます。

抜取検査の種類

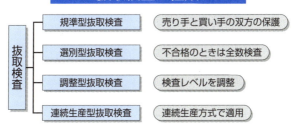

抜取検査

- 規準型抜取検査 — 売り手と買い手の双方の保護
- 選別型抜取検査 — 不合格のときは全数検査
- 調整型抜取検査 — 検査レベルを調整
- 連続生産型抜取検査 — 連続生産方式で適用

抜取検査の概念図

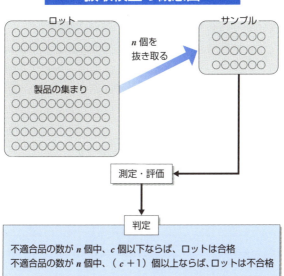

ロット

○○○○○○○○○○○○
○○○○○○○○○○○○
○○○○○○○○○○○○
○○○○○○○○○○○○
○   製品の集まり   ○
○○○○○○○○○○○○
○○○○○○○○○○○○
○○○○○○○○○○○○
○○○○○○○○○○○○

n 個を
抜き取る

サンプル

○○○○○○○
○○○○○○○
○○○○○○○

測定・評価

判定

不適合品の数が n 個中、c 個以下ならば、ロットは合格
不適合品の数が n 個中、$(c+1)$ 個以上ならば、ロットは不合格

72 規準型抜取検査
生産者と消費者を保護する検査

> 品質の良いロットが抜取検査で不合格となる確率を生産者危険といい、品質の悪いロットが抜取検査で合格となる確率を消費者危険といいます。規準型抜取検査は、生産者危険と消費者危険の両方を一定の小さな値となるように実施する抜取検査です。

　規準型抜取検査には、計数規準型抜取検査と計量規準型抜取検査があります。計数規準型抜取検査は、不適合品率で検査方式を決めるものです。できるだけ合格にさせたい良いロットの不適合品率をp_0、できるだけ不合格にさせたい悪いロットの不適合品率をp_1とします。不適合品率p_0のロットが不合格になってしまう確率が生産者危険で、αと表します。このとき、合格する確率は$1-\alpha$となります。一方、不適合品率p_1のロットが合格してしまう確率が消費者危険で、βと表します。計数規準型抜取検査では、通常、αを5％に、βを10％に設定して、検査方式を決定します。検査方式の決定というのは、製品を何個抜き取ってくるのか（nと表す）ということと、その中に何個の不適合品があったら、ロットを不合格とするのか（cと表す）というルールを決めることです。nとcを決めるには、JIS Z 9002という数表を使うと便利です。nとcを決めたならば、検査特性曲線（OC曲線）と呼ばれるグラフを作成して、検査方式がねらいのαとβを満たしているかどうかを確認します。

　計量抜取検査は、抜き取った製品の特性値を測定して、その平均値が規格外になっている割合にもとづいて、ロットの合否を決める検査で、JIS Z 9003という数表が使われます。

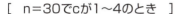

OC曲線の例

[n=30でcが1～4のとき]

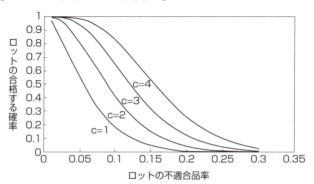

cが小さくなると、OC曲線が左にずれていく（検査が厳しくなる）ことがわかる。

[n=30～60でcが2のとき]

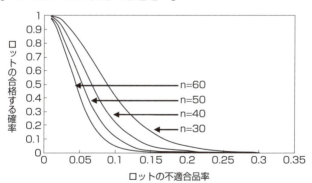

nが大きくなると、OC曲線が左にずれていく（検査が厳しくなる）ことがわかる。

73

工程能力の調査

工程の良品生産能力を判定

> 品質基準を満たした製品を生産できる能力のことを工程能力といいます。工程能力は、質的能力を示すもので、生産手段を100％に稼働させたときの生産量を示す生産能力とは異なります。

　製品の特性（寸法や重量）には、通常、規格限界が決められています。たとえば製品の重量は、200gから210gの間でなければいけないといった許容範囲です。規格限界には、下側規格限界（S_Lと表す）と上側規格限界（S_Uと表す）があります。重量の例でいえば、S_Lが200g、S_Uが210gです。また、下側と上側の片側にだけ規格限界がある場合と、両側に規格限界がある場合があります。

　製品の特性に規格限界が設定されていれば、品質基準を満たしているかどうかを、製品の測定値が、規格限界内であるかどうかで判定することができます。

　規格限界内の製品を生産できる能力のことを工程能力といいます。工程能力を高めることは、品質管理の目標でもあります。工程能力を評価する指標が工程能力指数（PCI、またはC_p、C_{pk}と表す）です。工程が安定している場合、製品に関する測定データは、正規分布に従うのが一般的です。正規分布に従うデータは、全体の99.7％が、平均値から±3×標準偏差の範囲内に存在します。この範囲の幅は6×標準偏差になっていて、この幅が、規格の幅（$S_U - S_L$；公差）に比べて大きいか小さいかを見ることで、工程能力を評価しようとするのが、工程能力指数です。

工程能力指数の求め方

〈両側規格の場合〉

平均値が規格の中心と一致している場合

$$工程能力指数 C_P = \frac{上側規格値 - 下側規格値}{6 \times 標準偏差}$$

平均値が規格の中心と一致していない場合

$$工程能力指数 C_{PK} = (1-K) \times C_P$$

$$ここに、K = \frac{|(上側規格値 + 下側規格値)/2 - 平均値|}{(上側規格値 - 下側規格値)/2}$$

〈片側規格の場合〉

上側規格の場合

$$工程能力指数 C_P = \frac{上側規格値 - 平均値}{3 \times 標準偏差}$$

下側規格の場合

$$工程能力指数 C_P = \frac{平均値 - 下側規格値}{3 \times 標準偏差}$$

工程能力指数の見方

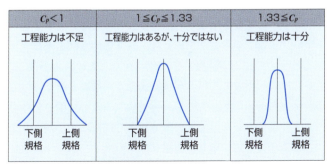

$C_p < 1$	$1 \leqq C_p \leqq 1.33$	$1.33 \leqq C_p$
工程能力は不足	工程能力はあるが、十分ではない	工程能力は十分
下側規格　上側規格	下側規格　上側規格	下側規格　上側規格

（注1）$C_p \geqq 1.67$ のとき極めて十分
（注2）$C_p < 0.67$ のとき全く不足

74

実験計画法

計画的なデータの収集

> データを収集する方法には調査と実験があります。実験計画法は、できるだけ少ない実験回数で、できるだけ多くの情報を取り出すための実験を計画する方法と、実験データを統計的に解析する方法を提供します。

　実験計画法とは、以下の2つのことを体系的に整理した方法論です。

　①実験の計画方法
　②実験データの解析方法

　実験を計画するときには、自分たちが興味を持っている仮説を検証できるような実験を行う必要があります。このためには、実験のときに変化させるもの、変化させずに固定するもの、変化してしまうものを明確にすることが大切です。実験のときに変化させるものを因子と呼びます。

　因子を1つだけ取り上げる実験方法を一元配置実験、因子を2つ取り上げる実験方法を二元配置実験、3つ以上の因子を取り上げる実験方法を多元配置実験と呼んでいます。

　実験によって得られたデータは、統計学的な観点から解析する必要があります。因子を変化させたことによる効果が、誤差程度のものなのか、本当に有効なものなのかを見分ける必要があるからです。この目的を達成するために用いられるデータの解析方法として、分散分析と呼ばれる手法があります。分散分析を用いると、実験データの変動を誤差による変動と、因子を変えたことによる変動に分解することが可能になります。

実験の計画における3つの原則

〈フィッシャーの3原則〉

原則1　繰り返しの原則

→　誤差を評価するためには、同一条件で実験を繰り返す必要があります。

原則2　無作為化の原則

→　実験の順序や実験動物の割り付けは無作為に行う必要があります。

原則3　局所管理の原則

→　実験環境をできるだけ均一に保ち、環境の変化が誤差に入らないようにする必要があります。

悪い実験と良い実験

材料の種類と熱処理温度を因子として取り上げて、4回の実験を行う計画を考えてみましょう。

計画案1

	材料の種類	熱処理温度
実験1	A	70
実験2	A	70
実験3	B	90
実験4	B	90

悪い実験×

計画案2

	材料の種類	熱処理温度
実験1	A	70
実験2	B	70
実験3	A	90
実験4	B	90

良い実験○

計画案1のような実験を行ってしまうと、たとえば、実験3および実験4において、好ましい結果が得られたときに、材料Bを使ったことがよかったのか、熱処理温度を90℃にしたことがよかったのかがわからなくなってしまいます。このような状態を「要因が交絡している」といいます。要因が交絡しないように実験を計画することが実験計画法を学ぶ目的でもあります。

75 多変量解析
多種類のデータ処理

3種類以上のデータで構成されるデータの集まりを多変量データと呼んでいます。多変量解析は、多変量データを解析するための方法の総称です。工場における操業記録などを解析するときに役立つ方法です。

製造工場では、工程における熱処理温度、熱処理時間、原料の投入量など、多種類のデータを記録しているものです。これらのデータを個々に解析するのでなく、まとめて解析するための方法が多変量解析です。

工場で記録されたデータ間には、相関関係が認められることが多くあります。たとえば、熱処理温度が高いときには、熱処理時間は短いというような関係です。こうした相関関係を考慮しながら解析するためには、多変量解析を用いる必要があります。相関関係を考慮しなくてもよければ、データを個々に解析することで結論を導くことができます。

多変量解析の世界では、熱処理温度や熱処理時間などの数量データで構成される測定項目を量的変数と呼んでいます。一方、原料の種類や機械の種類、製造担当者の性別といった数量では表現することができないデータで構成される変数を質的変数と呼んでいます。質的変数を扱う多変量解析としては、数量化理論と呼ばれる手法があります。

多変量解析を用いることによって、測定項目間の関係を数式モデルで表すことも可能になります。また、複数の項目で評価された品質を総合して評価したいという場面でも活用することができます。

多変量解析の目的

1 予測と判別

①ある測定項目の数値を予測する。

(例) 破壊強度を予測する。

②ある測定項目の属性を判別する。

(例) 良品か不適合品かを判別する。

2 要因の探索

①ある測定項目の数値が変動する要因を探す。

(例) 寸法が変動する要因を探索する。

②ある測定項目の属性が異なる要因を探す。

(例) 割れが入る製品と入らない製品の要因を探索する。

3 要約と分類

多変量データを総合的に評価して、個体(人や製品)を似たもの同士に分ける。

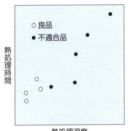

熱処理温度
(判別のためのグラフ例)

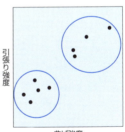

曲げ強度
(分類のためのグラフ例)

多変量解析の代表的な手法

1 重回帰分析 ➡ 量的変数の数値を予測する

2 判別分析 ➡ 質的変数の属性を判別する

3 数量化理論 ➡ 質的変数の多変量解析

4 主成分分析 ➡ 複数の量的変数を要約する

5 因子分析 ➡ 量的変数の背後に潜む共通な要因を探す

6 クラスター分析 ➡ 人や物のグループ分けを行う

> MTSはマハラノビス・タグチ・システム（Mahalanobis—Taguchi—System）の略称で、異常なデータが正常なデータから、どの程度離れているかを計測する方法です。正常なデータの定義は解析者が行うことになります。

MTSは、品質管理の分野では、適合品と不適合品の判別、医学の分野では健常者と疾患者の判別などに効力を発揮する手法です。

一般にMTSではマハラノビスの距離と呼ばれる数学的に計算する距離が活用されます。適合品と不適合品の判別を例にとると、最初に適合品に関する複数種のデータ（たとえば、寸法、重量など）を集めます。そしてデータの重心（平均値）を求めます。つぎに、この重心から各データがどれだけ離れているかをマハラノビスの距離で示します。適合品のデータならば、適合品の重心から離れていないはずです。一方、不適合品のデータの場合には、重心から離れているはずですから、マハラノビスの距離が大きくなるという理屈です。ここで、適合品のデータの集まりを単位空間と呼んでいます。単位空間として、不適合品のデータを用いることも可能です。ただし、単位空間はできるだけ均一なデータで構成されないと、この解析はうまくいきません。したがって、品質管理の場合には、適合品のデータで正常空間を作成するのが定石です。

MTS法は、適合品と不適合品の判別だけではなく、どのような要因が適合品と不適合品に分けるのか、すなわち、不適合の発生要因を探索するのにも有効な手法です。

MTSのイメージ

ある製品の適合品と不適合品のそれぞれを集めてきて、製品の寸法と重量を測定して散布図で表現した結果、下のような図が得られたとします。

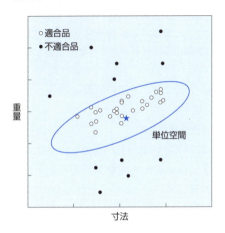

適合品のほうが個々の点が近くに位置していることがわかります。そこで、単位空間を適合品の集まりとして、単位空間の重心（★）を決めます。適合品の多くは正常空間の重心の近くに位置し、不適合品は重心より離れたところに位置していることがわかります。このことを数値で表現するために、各点と重心とのマハラノビスの距離を測定（計算）するのです。

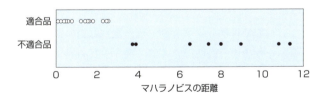

どの不適合品も重心までのマハラノビスの距離が長く、単位空間から離れていることがわかります。

77 官能評価
人間の感覚で測定

人間の五感（味覚、視覚、聴覚、嗅覚、触覚）を使い、製品を評価することを官能評価（または官能検査）と呼んでいます。官能評価は、新製品の企画や製品の検査工程で用いられます。官能評価による検査の方法を官能検査と呼んでいます。

官能評価は目的によって、つぎの2種類に大別されます。

①嗜好型

②分析型（識別型）

嗜好型とは、好きか嫌いか、美味しいかまずいかを問うような評価です。消費者の好みを聞くような調査では、嗜好型評価が用いられます。

一方、分析型とは、辛いか甘いか、合格見本に合致しているかどうかを問うような評価です。製造された製品が適合品か不適合品かを決めるような検査において用いられます。

官能評価の分野では、評価する人のことをパネルと呼んでいます。パネルは一般の消費者と、評価を専門の仕事とする検査員に分けることができます。新製品を企画するような嗜好型評価のときには、パネルとして消費者を含めておく必要があります。

製品の検査で行う分析型評価では、識別能力のあるパネルが必要になります。識別能力とは、濃度5％の食塩水と10％の食塩水の味を区別することができる、濃度が高いのはどちらの食塩水かを当てることができるというような、異なるものを五感で区別できる能力のことです。官能評価を用いる検査では、検査員を養成するための教育が必要になります。

官能評価の代表的な方法

1 二点嗜好法

2つの異なる対象物を提示して、どちらを好むかを問う方法

AとBのどちらの形が好きですか？

→ AとBのどちらを好む人が多いかを分析する。

→ Aを好む人とBを好む人の違いを分析する。

2 二点識別法

2つの異なる対象物を提示して、どちらが特性の程度（たとえば色の濃さ）が強いかを問う方法

AとBのどちらの色が灰色に近いですか？

→ 正解（A）を答えた回数で識別能力の有無を判定する。

→ AとBが差別化できているかを分析する。

3 1：2識別法

最初に標準物Sを提示して、そのあとで、一方だけがSと同一の2つの対象物AとBを提示する。そして、AとBのどちらがSと同じ物であるかを問う方法

Sと同じ色はAとBのどちらですか？

4 その他の方法

・三点識別法　（3つの中から異なる1つを当てる）
・配偶法　　　（同じペアを見つける）
・評点法　　　（点数をつける）
・順位法　　　（順位をつける）
・一対比較法　（2組ずつ比較する）

Coffee Break

品質管理検定—3級と4級

　品質管理検定（QC検定）の3級と4級では次のような項目が問われます。

■ 3級の主な内容

- ・データの取り方とまとめ方
- ・QC七つ道具の見方、作り方、使い方
- ・QC的ものの見方と考え方
- ・品質の定義と分類
- ・QCストーリー
- ・標準化の目的と意義

- ・工程能力指数
- ・新QC七つ道具の名称と目的
- ・管理と改善の進め方
- ・工程管理の方法
- ・検査の定義と種類

（注）3級には4級の試験範囲も含まれます

■ 4級の主な内容

- ・品質管理の重要性
- ・QCストーリー
- ・ムリ・ムダ・ムラの除去
- ・工程と異常
- ・適合と不適合
- ・事実に基づく判断
- ・層別
- ・ほうれんそう
- ・三現主義
- ・5S

- ・PDCAとSDCA
- ・小集団活動
- ・重点指向
- ・検査の定義と種類
- ・標準化の定義と標準の種類
- ・QC七つ道具の名称と目的
- ・職場の管理項目
- ・5W1H
- ・5ゲン主義
- ・マナーと安全

　品質管理の仕事に従事している人は2級以上を目指していただきたいと思います。3級と4級は、その前のステップ、入門レベルですから、新入社員や学生向きといえるでしょう。

内田　治（うちだ・おさむ）

静岡県伊東市生まれ。東京理科大学大学院修士課程修了。東京情報大学准教授を経て、現在、東京情報大学、東京農業大学、日本女子大学　非常勤講師
（主著）
『すぐわかるEXCELによる品質管理』（東京図書、1998）、『すぐに使えるRによる統計解析とグラフの活用』（東京図書、2010）、『数量化理論とテキストマイニング』（日科技連出版社、2010）、他多数

●日経文庫 1932
ビジュアル
品質管理の基本

1995年10月 9日	1版1刷	
2016年 7月15日	5版1刷	
2024年10月 4日		4刷

著　者	内田　治
発行者	中川ヒロミ
発　行	株式会社日経BP
	日本経済新聞出版
発　売	株式会社日経BPマーケティング
	〒105-8308
	東京都港区虎ノ門4-3-12

印刷　広研印刷・製本　積信堂
ISBN978-4-532-11932-4
Ⓒ Osamu Uchida 1995

Printed in Japan